武则天

向右，向右，再向右

君子心 著

浙江大学出版社
ZHEJIANG UNIVERSITY PRESS

世界，就那么多资源，功名、权力、财富、声誉以及精神价值。男人和女人，其实都需要，只是长久以来，当男人们在古今帝王术、现代管理学、三国计谋里向右时，女人却在贤良淑德的典范里，在无数列女传的号召里，在美貌成功学的童话里，在现世灰姑娘的梦幻里，向左，向左，再向左。

……

但是女人们别泄气，在慢慢历史长河中，总有异类破茧而出，在男人们的无数谎言前横刀立马，在权力角逐场里杀出重围，告诉我们，要想得到你想要的，凭借的不是什么美貌贤德，也不是什么运气第六感，更不是白痴性格可爱气质，而是要向右，向右，再向右。

目录

楔子

这，似乎是许久以来的一个圈套。

貌美如花的"公主们"总是天上掉馅饼般，受尽呵护和万般宠爱——如果长得平淡无奇也不要紧，运气够好可以噼里啪啦穿越时空到古代当某位王子的倾心恋人，欠佳的也能在教室楼梯拐角与万众瞩目的王子一吻定情，于是……

即使，不让你做春秋大梦，一脚踢到现存世界里挣命，也不要忘记杜拉拉们并非因为能干，也非努力，更非谋略，而是倔强得像牛一样的可爱，于是升职，得宠……

这，似乎是一个好长好长的圈套——

公主病患者和女明星们告诉你，只要你貌美如花并放得开，你就得到你想要的……

长孙皇后、薛宝钗们告诉你，只要你贤良淑德当做典范，你就会得到你想要的……

穿越女王们告诉你，只要你具有超时空第六七八九感，你就会得到你想要的……

韩剧迷们告诉你，只要你够傻够白痴，你就会得到你想要的……

杜拉拉、杉菜们告诉你，只要你够倔强够可爱，你就会得到你想要的……

这是个圈套，一个男性世界对女性撒下的美丽谎言群。

世界，就那么多资源，功名、权力、财富、声誉以及精神价值。男人和女人，其实都需要，只是长久以来，当男人们在古今帝王术、现代管理学、三国计谋里向右时，女人却在贤良淑德的典范里，在无数列女传的号召里，在美貌成功学的童话里，在现世灰姑娘的梦幻里，向左，向左，再向左。

男人忽悠女人，然后让女人来忽悠自己，这，似乎是一段太过深厚的圈套。人太多，时间太长，圈套，也就不像了圈套，变成了寓言、故事，以至真理，或者集体无意识。

鲁迅说，做久了奴才，也就不自觉其做奴才。

但是女人们别泄气，在慢慢历史长河中，总有异类破茧而出，在男人们的无数谎言前横刀立马，在权力角逐场里杀出重围，告诉我们，要想得到你想要的，凭借的不是什么美貌贤德，也不是什么运气第六感，更不是白痴性格可爱气质，而是要向右，向右，再向右。

那个叫做武则天的女人。

才人 潜伏是种境界

商人的素质

历史上那个叫做武则天的女人,并非出身名门望族,也不是耕读世家,更非书香门第,她的父亲,是个商人。

为此她纠结了很多年。

许多年以后,当她离皇后一步之遥的时候,大臣褚遂良说她非"天下令族",不配。

许多年以后,她下令重修《氏族志》,强制把自己的家族列为第一等士族门第。

许多年以后,她的反对者起兵造反时,骂她"地实寒微",天下皆知。

许多许多年以后,一位叫做陈寅恪的学者把她划为庶族集团,跟那些高足大户的贵族对立起来,让她成为下层精英反对上层门阀的代表。

殊不知她实在不该纠结,在她惊心动魄的一生里,始终伴随的正是从那个商人父亲传承下来的素质,也正是这种素质让这个传奇女人提前进入了成功者的储备库,趁着未来的天时地利人和,完成一个女人对决男人世界的完胜——

当武士彟奔波在洛阳路途上的时候,可能从来不曾想到自己的女儿会从他身上继承什么,他正在庆幸隋炀帝大兴土木,让他这个小姓士族子弟有发财之机,土木生意也让他结交了不少当朝权贵。深知官财两通之道的他本来想"商而优则仕",结果却引起了隋朝权臣杨素的嫉妒,于是被迫逃亡,这笔生意算是失败了。不过当时方天下大乱,还有更好的生意等着他做——开国功臣显然是另外一笔更为合算的生意。商人的头脑让武士彟从来不会顾及什么故旧忠义，也不会发神经自创门户，隐匿期间他谋算天下豪杰，终于锁定了新的投资项目——李渊。

按照史书的记载，武士彟选中李渊是由于某种通灵事件：晚上夜行，突然听到半空中"有称唐公（李渊）为天子者"，又梦到其"乘马登天，俱以手捫日月"……其实，这位商人能选中李渊，大多是出于对天下大势与李渊其人的非凡洞察——当时的唐国公李渊可谓地利人和，就差天时了。而恰好这个时候，武士彟抓住时机，在李渊行军于汾、晋之间的时候，盛情邀请，周到款待，大约吃得好住得好，让这位准唐朝皇帝很是满意，答应他，如果起义成功则"共图富贵"。

后来在起义前夕武士彟又帮了李渊一次大忙。当时李渊正召集下属几个秘密募兵起事，结果引起了当时太原副留守王威等人的怀疑——没事这些人招募这么多兵干吗？难道想要图谋造反？于是想把那几个人（包括李世民）抓起来审查审查，最后被武士彟劝止了。武士彟说："那是唐公的人，唐公跟当今隋炀帝可是表亲，做官讲究人抬人，你们这么'负责任'，小心得罪皇亲国戚。"武士彟因功获赏，做了义军的后备军需官。后又因为钱粮经营有方，随着李渊的革命胜利一路飙升，从参军到光禄大夫，从开国公到工部尚书，一直到"太原元谋勋效功臣"，成为实实在在的"当时勋贵"。这算是武士彟一生中成功的一次投资。

但是生意就是生意，在武士彟心里才不是什么忠臣义士，功业苍生，李渊只不过是他很好的合作伙伴，建立大唐也不过是他的投资项目，如此而已——这也正是几千年封建社会仇恨商人的原因。按照朱元璋的话说，商人这种怪物不事生产，不种粮食不做事，一生耿耿只为利禄，并且唯利是图不讲原则不讲道德，跟孟老夫子"舍生取义"相反，跟"灭人欲,存天理"相对,正是儒家道德君子们的对立面。

而讲这话的朱元璋本身就是最不讲道德的大流氓,或者干脆透彻地说,天下所有真正在现实里成功的人,无论皇帝、权臣、起义领袖,都必须具备跟商人武士彠同样的素质。楚汉相争,刘邦打了败仗,逃命路上因为怕车重跑不快,三番五次把自己的亲生儿女推下车去;两军阵前,项羽要煮了刘邦的父亲与妻子,刘邦笑嘻嘻地对项羽说"记得分给我一杯羹哦";韩信违反"士可杀不可辱"的教义,钻过街头混混的胯下;明朝燕王朱棣历经数次战役,仗着建文皇帝那份诏书里的"现在你们这些将士将要和燕王对垒交战,千万注意不要杀伤燕王,不要使朕有杀叔父的坏名声留于后世"而无赖生存……

张无忌武功再高,也不会是朱元璋的对手;郭靖再侠义,襄阳还是失守;萧峰枉自英雄天纵,总归命断悬崖……无论你是武功盖世,还是肝胆豪侠,现实世界里的成功者还是那个不会武功、贪财好色的小流氓,也许写尽中国侠义文化的金庸停笔的那一刹那,终于彻悟了现实世界的真谛——《鹿鼎记》,就是中国文化的一个真实寓言。

韦小宝告诉我们:放下。

父亲的"放不下"

武则天,就是商人武士彠的女儿,也是一个能"放下"的商人的女儿……幸亏。

那时候,唐人是以娶高门士族女为荣的,因为她们的门第,给男人带来了炫耀的资本,更因为她们严格的教育体系,成为男权社会里规定的典范。她们高雅扬起尊贵的头颅,俯视着天下庶族百姓,成为那个时代大多数男人们的梦中情人。

那时候，重农抑商还是小农社会的重心，连红楼里的秦氏都劝凤姐耕读持家，所谓书香门第，所谓耕读士民，即使你出身不贵，也值得荣耀。

许多年以后，曾经发生过这一段故事，她宠信的酷吏来俊臣强娶了高门士族王氏女为妻，结果这位贵族小姐因为跟来俊臣手下发生口角，不堪这种与小人之间的龌龊，上吊自杀了。

我相信，我们的女主角是无论如何不会这样做的，否则她早死在了漫长的失宠的岁月里，或者消弭于那寂寞的尼姑庵里，或者如王皇后般高贵地身亡……幸亏她没出生于高门大姓，也不是什么书香门第，在她那漫长的一生里，父亲遗留下来的精神气质让她不断地"放下"，由此映衬出她盛极一时的光辉灿烂，在强者抒写正义的历史真相里，化作了一个不朽的寓言。只不过，可怜是个女人，没有被美化成唐太宗，尽管，后者同样干了很多她曾经做过的事情——玄武门之变，逼父弑兄。

对大多数人来说，康德那"这个世界唯有两样东西让我们的心灵感到深深的震撼：一是我们头顶上灿烂的星空，一是我们内心崇高的道德法则"，是生活里，多么无奈的奢侈品。

而命运的荒诞就在于，仿佛是给女儿提前预演的人生死结，武士彟的死，却是因为没有彻底地"放下"——他一生投资，从来不囿于"道德信仰"的桎梏，这曾经让他游刃有余于乱世的生存理性，却在与李渊的情谊面前败下阵来……

李渊对他实在不错，不仅把他列为开国功臣，并且也十分关心他的个人生活，在他前妻相里氏去世以后，说他"忠节有余"，亲自给他物色了一位女子——高门大族杨氏之女（当时杨氏属于关中六大郡姓之一，门第之高连李氏皇族都比不上），并且亲自说媒，以天子之尊主婚，礼聘所需,都是政府掏钱,婚礼完毕以后,立刻把杨氏封为应国夫人(一品)。这是前妻相里氏没有享受过的尊荣,也是李渊对于大姓望族杨氏的一种抚慰,因为武士彟虽然是当朝新贵,但出身不过小姓士族,如果不是天子说媒,按照门第是无论如何高攀不上的,虽然杨氏当时已是40多岁的老剩女,可是在那年头,门第就是青春的本钱。

正在武士彟对李渊感恩不尽的时候,恰逢唐朝依例外放官员,当时作为工部尚书的他,需要外放扬州做都督。李渊跟他约好半年就调回中央,结果因为业绩太好,"化被三吴之俗,威行百越之境",又多留了半年。

就在这半年间,终于出事了。武德九年,玄武门之变。

李世民做了太子进而登基做了皇帝,李渊成了有名无实的太上皇。一朝天子一朝臣,李渊的那些亲信被置换成了当时的秦府人马,武士彟作为"李渊的人"就被李世民撂在了地方,虽然也没让他闲着,先后担任了利州都督、荆州都督等职务,但是他再也没回过中央,没有机会参决高层。

我们很难想象在近似放逐的漂泊里,这位精明世故的商人是怎么想的。他的家庭生活似乎很幸福,跟杨氏之间夫妻恩爱,生下了三名千金也皆爱如珍宝,只是那天子换人的政治隐痛还是在九年以后突然发作。贞观九年,太上皇李渊的死讯传到荆州府,武士彟悲恸万分,咯血而死——这个精明的投机商人,居然为恩而亡?

也许,开始的政治投机或者还停留在"为我所用"的功利潇洒里,只不过,人就是人,既然有太多"放下",就会有太多"放不下"。他最终,还是在"恩义"面前败下阵来,那些世故和精明,都随着天子的诚挚与恩宠,雨打风吹去了吧。

女杨过的成长史

据说武则天刚生下来的时候，当时益州术士袁天罡给她算命，大吃一惊："若是女，当为天子"——这种传说我们并不陌生，似乎所有的传奇人物的背后，都会顶着老天爷的紫光红云，一如下棋都能中奖的虚竹和尚，只要命好，便厚德载物万事亨通……其实，武则天哪有那么好命？她亦是芸芸众生中的一分子，像我们大多数人一样，在庸常人生中挣扎出了又一出波澜不惊的艰辛——那是发生在唐朝的一个再普通不过的故事：

父亲早亡，前妻之子长成，继承家业，虐待后母孤女。按照当时从北朝遗传下来的风俗，杨氏作为高门大户之女嫁到武家，理所当然成为当家主妇，地位即使不是贾母级，也是王夫人凤姐级的。而前妻的两个儿子那时候已经懂事，大约十几岁，杨氏，是他们的后母。

后母与前任儿女之间的关系，向来是千古难题。杨氏大家之女，又受丈夫爱重，自己有女儿，因此对出身卑微的前妻之子，虽然不至于到虐待的程度，但也不至于很好。

想想贾府里的贾环，我们就知道在这两位十几岁的少年心里，存着多少委屈与怨艾，以至于多年以后，即使自己妹妹发迹做了皇后，他们封官的时候还骄傲地表示"功臣子弟，早登宦籍"——我们沾了父亲的光，不是你的。

大家族里的小恩怨，虽然总会被成年以后的人生繁重抹平，但是究竟，是萌芽，是种子，是一些说不出的星星火苗。

武士彟去世，报复的机会来了。杨氏没有儿子，三个女儿正偎依在她的怀里，小女儿甚至嗷嗷待哺，但是前妻之子却已继承了父爵，成为一家之主——贾环做了官的贾府后院，人走茶凉，男为主嗣，没有办法的事情。

主家的大权终被儿子的新妇夺回，孤儿寡母靠边站了。那年，武则天11岁，由父亲的掌上明珠、掌门主妇的二千金，一夜之间变了颜色，母亲被迫交出主家大权，哥哥们善变的嘴脸，新嫂子们的冷嘲热讽，下人们的高低眉眼，她都看在眼里，记在心里。

许多年以后，这些心里的记忆终于化做了复仇的罗刹怨念——哥哥们被她陷害而死，嫂子们被她鞭打肉尽而亡。幼年记忆的恩仇终究随风飘荡，也许，也不过是一声嘲讽的冷笑，一顿冷馊了的饭食，一句不尊嫡母的话语，便这样铭记在心——而最可怕的却是，在不惜笔墨描述这位女罗刹的史官记载里，我们没有看到任何关于她反抗哥嫂的正面冲突。

有些隐藏在心的东西，才是一辈子不肯放下的。

张无忌能以德报怨救下逼死父母的武林人士，说："我知道他们不好，但是那是过去的事情了。"而杨过却因为幼年调皮遭受到的管教，跟全真教结下死仇，即使面临中原大敌，全真教主动示好以剑相赠，他依然表示拒绝。

极爱极恨，睚眦必报，必定出于一个激情荡漾的生命。

杨过感慨自己就喜欢"大喜大悲"，不甘于"平平安安"；张无忌却最适合庸常人生里的"张敞画眉"；郭靖如果不是拯救襄阳，可能会去做农夫——这个世界，每个人的生命状态是不同的，在一般人眼里的荒诞折腾，却能在有的人身心里，化成呈现生命力量的最大张力。

人与人是不同的。

那年，武则天14岁，是个刚刚长成的少女，哥嫂的欺辱、母亲的哀怨，全看在眼里。而显然，她并不是张无忌。这样一位女版杨过，正冷冷地、被人忽视地、站在家族恩怨的角落，树荫遮挡了她的身影，年龄欺骗了众人的眼，那个激情荡漾的灵魂，正记忆着世道的炎凉、人心的丑恶与利益的争夺。只是，她是女儿家，她还小，除了嫁人，她什么都不能做。

太宗闻士彠女美，召为才人，方十四。母杨，恸泣与诀，后独自如，曰："见天子庸知非福，何儿女悲乎？"

《新唐书》卷七十六

"见天子庸知非福？"——探春说："但凡是个男人，可以出的去，我早走了，立出一番事业来，那时自有一番道理。"

武家女儿的一级装备

史书上说她"美容止"。即使按照现代人的眼光，武则天依然长得很漂亮，或者不应该是小家子气的"漂亮"，而是"美丽"。据传她的姐姐和外甥女，也皆"国色"，看来她们一家子都遗传了杨氏的美貌基因，但是杨氏给予女儿的，却非仅仅容貌。

"美容止"的意思可绝对不仅是指长相，还有举止气质的意思。不要忘了，杨氏可是大家女。

这位杨氏大小姐早在做剩女时就"明诗习礼，阅史披图，颇能属文"，而史书也说武则天"兼涉文史"，她的书法在唐朝是有名的，尤其精于飞白书和行草书。所谓"飞白"就是在笔画中具有丝丝露白特点的书法，难度极大，但却极为高雅，内蕴深厚，是最能体现书法之美的一种艺术手法。

武则天当年以飞白书把大臣姓名写出来赐给他们,有大臣上表赞其书法:"钟繇竭力而难比,伯英绝筋而不逮。则知乃神乃圣,包众智而同归;多才多艺,总群芳而兼善。"我想这应该不会是因其权势而奉上的阿谀之词。她最有名的《升仙太子碑》,连今人都称"雄强纵肆,法度森严,……既得二王神笔,又有自家风格"。

书法好成这样的人绝不可能是文盲。

多年以后,她开设文学馆、控鹤监,也并非是人们所想象的男宠俱乐部。那时那刻的武则天,庸雅文秀,活泼大方,俨然文学沙龙的一位优雅的女主人;那时那刻的武则天,也是最放松的,甚至放肆的,同时,也是最能显露她个人天性的——那样一个热爱生活热爱美的文艺女青年……

当然,我们在写一个帝王,作为一个未来政治家,诗书除了给这个孩子生命上的审美向度以外,似乎给予她更多。

一个生命激荡爱恨显明的孩子,如果智商不够,会变成骄纵的高阳公主,可武则天却在那个屈辱的环境里平安过了许多年。必然的,有些东西不仅是杨氏给的,而是诗书给的,或者更精确一点,是史书给的,并且绝对不是孔孟之道之乎者也,而是险恶的环境、父亲的商人气质与历史故事结合起来的"胯下之辱"。

历史,有时候是最危险的教师。

其实太宗召她进宫也是这个原因——这个世界上男人对于女人,大多数只停留在模样,层次高点的会喜欢性格,层次再高点就会喜欢才华(少数进化成"人"喜欢心灵)。太宗经过长孙这种超级女人的调教,眼光绝对不会停留在女人的一张皮上——武则天是功臣之后,他又有意拉拢,听说这位少女才貌双修,自然会心动。

功臣之后,才貌双全……唐朝大明宫的宫门徐徐打开,历史车轮的运转,开始加速。

太宗的"小同志"

按照各种言情和非言情的故事逻辑，面对命运的欺压，言情女主武则天似乎应该无欲无求，淡然处之，然后有一天出外踏青，遇一年轻美男，此男才思敏捷，身手不凡且气度逼人，武则天飘飘出尘的气质或者飘飘出尘的谈吐，让此年轻美貌男惊为天人，于是，某年某月某日，宣布进宫，然后，宠冠六宫……

这是童话。

现实却是，进宫之后，武则天，无宠。

太宗不爱武则天，一直不爱。

进宫之后，这就是摆在武则天面前的事实，不是言情小说，并不存在年轻美男。天上只掉林妹妹不掉爱情，并且更尴尬的还在于，那位不年轻不美貌却贵为天子的男人，还同期爱上了别的女人——跟她一起进宫的徐才人。

功臣之后，美貌多才，出人头地，忍辱杨过，但，见天子庸知非福？

其实，她不是没努力过的。太宗有匹名马叫狮子骢，桀骜不驯，无人能驾驭，当时她正站在群妃中间，在太宗赏服此马的时候，挺身而出，说出来了一番惊天动地的大话："妾能驭之，然需三物：一铁鞭，二铁锤，三匕首。铁鞭击之不服，则以铁锤锤其首；又不服，则以匕首断其喉。"这个故事很有名，每个阐述武则天的人都会复述一遍以示其"唯我独用"的本性，因为，那是老年武则天自己亲口说出来吓唬大臣的话，并且下面还添一句："太宗壮朕之志。"

这句话证明，武则天这辈子都没弄明白，太宗为什么不爱她。

太宗为什么不爱她？

跟她同时进宫的徐才人，几年之内就从五品等级的才人一跃成为正二品的充容，成为仅次于正一品的贵、淑、贤、德四妃（早已有人选）的九嫔之首，而她，这位以美貌而著称的武家女儿，却当了十一年的五品才人？

太宗为什么不爱她？

进宫之初似乎还有过宠幸，甚至亲自为她起名"媚娘"。如此妖媚不正是男人所爱的吗，怎么就搁置在一边不理了呢？

何况身为五品才人，她掌管的可是"宴寝"之事，专门管理后宫的宴会休息的事务，很有机会在皇帝旁边晃荡……那么，太宗为什么不爱她？

要才貌，"美容止"。

要魅力，称"媚娘"。

要机会，掌"宴寝"。

要手段，忍屈辱。

要野心，见天子庸知非福？

但是，太宗为什么不爱她？

当人们无法解释某些事情的时候，往往指向了神秘。

据说在太宗晚年的时候，民间突然流传出"女主武王"的传言，于是他问太史令——当时著名的占星术大师李淳风。李淳风告诉他，确实有女主兴起，而且此人已经在陛下后宫。太宗一听，这还了得，就要把宫中武姓女子都杀掉，但是被李淳风劝止了。李淳风的意思，这是天意，这个人30年后是老年人，老年人比较仁慈，所以说不定你的子孙还能剩一两个；但如果现在把这个人杀掉，那么也许上天会派更厉害的人来，到时候你的后代可能会被斩草除根了。

太宗听了十分不快。此时正赶上一次宴会，有一个叫做李君羡的将军，无意中透露自己的小名叫"武娘"，正中太宗忌讳——权力斗争哪有什么是非，皇帝因为你小名起错了就看你不顺眼——很快，找个借口杀掉了。

这是传说。

也仅仅是传说。

现实就是现实，漫不经心地充满着各种奇特而荒谬的碰撞——太宗不爱武则天，并不是因为什么谶纬谣言，而是，他们本质上，是同一个世界的人。

太宗虽然出身贵族，但是绝对不是养在深闺的公子哥儿，他自己都说"性本刚烈，若有抑挫，恐怖不胜忧愤，以致疾壁之危"，而所交也亦非益友……从小跟着父亲南征北战，领着一帮不怕死的伙伴骁勇无敌于乱世，且是那种临危之时"哥们先走，我殿后"的主子，等年纪大了，终于"思少小时行事，大觉非也"，折节读书，放下战刀，克己复礼，但是就这样，每每跟群臣朝政，还不时英气流露，令人战兢。晚年的时候，太子跟四子争位，两败俱伤，最后重新讨论太子人选，老头子义烈仍在，冲动至于拔刀自向，说自己不幸，孩子都不争气，愧对先人与妻子长孙云云——就这么一个人。

武则天的那番话，正是少年太宗的再版：那是一个野心勃勃的征服者的逻辑——"天下舍我其谁？"那是一个功利的现实者的逻辑——"不能用还留做什么？"那是一个刚烈的行动者的逻辑——"服不服？不服小样的灭了丫的……"

可惜，太宗已经成佛。

他如此刚烈骄狂，却一生没出大错，都是因为长孙。这个女人理性、正统、大气、宽阔而稳定，正是太宗那激情荡漾的生命补充，就像杨过爱上小龙女一样，终其一生，太宗都喜欢正统而稳定的女人，那些内心安定的温柔，那些善良正统的温暖，指引着他心底的理性因素，把舵着他那些无法抑制的生命活力与激情,让它不致走偏、走邪、走歪。

而武则天这样的壮怀激烈的同类,要么是战争上生死与共的伙伴,要么是权力场上互相角逐的对手,可这位小才人偏偏在后宫,还是个女的,还是他的一个——小姜室。

所以他只能"壮其志"——遇到从前的同志了,你说该让他说点啥?

撞墙的无奈

纵观武则天的一生,我们基本可以判断她的情商并不高,至于后来为什么狐媚偏能惑主,大多是因为在合适的时间碰到了合适的人——因为那不是别人,是李治。

皇宫里最不缺的就是美貌女子,"见天子庸知非福"之志的武则天要想在一群莺莺燕燕里脱颖而出,必须靠别的东西,一开始,她用的是自己独特的女性气质——"媚"。

这个世界,男人眼里的女人大抵分为两种:妖精与仙女。前者具有世俗的性吸引力,代表着欲望的无拘无束;后者则是男人提升自我的精神憧憬,代表着理性的秩序——女人的美,仙女型的是秀美;妖精式的,则是娇媚。

太宗宠幸武则天以后,取名"媚娘"——很容易让人思想不健康地推测:这个女人身上,应该蕴含着某些无拘无束的爆发力,尤其是性的吸引力与诱惑性,让看尽天下花色的太宗能感到这位可爱的小才人的风情万种、妩媚动人。但是不幸的是,太宗恰巧不好这口儿。

他宠幸武则天的时候,也就"本能"地喜欢一下,而且,也就一下,多年以来，无论从自身修养还是妻子的影响，他真心喜欢并且需要的，是跟武则天同时进宫的徐才人。人家出身书香门第，五月就能说话，4岁就能诵《论语》、《毛诗》，8岁就能作文，而且文采斐然，盛名一时，召入宫以后，曾经上疏劝谏太宗不要沉溺于物质享受，不要讨伐高丽以劳民伤财……正是一个活脱脱的再版长孙皇后。前文说了，在太宗激情荡漾的生命里，需要一个理性的把舵人，长孙死了，又来了一个，太宗很快把她升为九嫔里最高级别，让她"掌教九御四德，率其属以赞导后之礼仪"——太宗喜欢的，是仙女。

可怜的武则天，本来想以自己的女性气质征服太宗，结果做妖不成——人家不喜欢这型的。

但是武则天并不服输，她在武家隐忍度日，就是想有一天可以翻盘，她有才有貌有能力，凭什么只有徐才人能获得宠爱？她不甘心。于是又用了另外一招——暴露自己刚烈脱俗的本性惊喜一下太宗。于是，便发生了历史上著名的"狮子骢事件"。结果太宗的反应让她大失所望——"惊喜"，没有，"惊吓"，有余。

作为女人的气质类型，太宗恰好不爱好；作为人的生命状态，太宗恰好很排斥。不是武则天不努力，实在是命不够好，撞墙都得不到太宗的垂青，自己又不知道错在哪里，正所谓"在对的时间遇到错的人"，一种悲哀。

潜伏的境界

两个人在路上被老虎追赶，他们只有不停地跑才不会被它抓住吃掉，于是他们一直跑啊跑，直到跑到悬崖边，无路可逃时，突然失脚跌下悬崖,幸好都抓住了悬崖边上的青藤,但是低头一看,天啊,悬崖底下有群饿狼正在守候,青藤的根部也有几只小松鼠在乱咬,正在上天无路、入地无门时,突然看见在自己的不远处几颗野草莓——于是选择开始了:路人A觉得既然怎么做都要死,那就什么都别做的好;路人B却觉得此时此刻,没有比这些草莓更可爱的事情了,所以他伸手去摘——哪怕死亡来临,也享受一下甘甜吧!

这是一个关于困境中的选择问题——这个世界上,大多数人是会颓废地放弃草莓,基于某种负气的惰性,喜欢冲老天爷撒娇的人不在少数;但有的人却不会,因为无论遇到怎样的困境,他们都努力活着,他们从来不轻易抛弃生活赋予他们的恩赐。你说他们庸俗也罢、无赖也罢,他们努力地、野草一样地活着。

武则天在太宗的后宫待了十一年,漫长的青春期在天子的漠视里飘然而过,比起一起入宫的伙伴(徐才人)的红火,这位美貌小才人显得如此尴尬而寂寥。即便间或爆发出来的生命活力,也在太宗的"壮其志"里黯然而退……十一年,好漫长的岁月。

但是她虽然没有特别的恩宠,却也没有特别的贬斥,这证明她并没有下沉,那份野心勃勃与欲望沉浮,虽然被压制到了心底,但是她并没有下沉。

我们很难想象这位日后惊天动地的传奇女子,如何在这漫长的十一年寂寞空守,也很难想象一个野心勃勃的激荡生命,在无望的岁月里如何挨过青春的流逝。也许在女皇日后的权力争斗之谋、书法修炼之盛里,可以看到一些微妙的启示。

她掌管"宴寝"之事,是天天需要操心皇帝去哪里休息起居的差事,从"狮子骢事件"看,她应该经常侍从身边——如果没有对她工作能力的肯定,不可能做这么久,能天天见到皇帝的妃嫔宫官可不多!

唐朝内宫设有专门学习文化知识的地方,她的书法到后来几乎达到精绝的地步,如果没有这十一年的专心致志的练习,恐怕也难呈此境。虽然,起初的这份书法情怀是邀宠的手段,但是失效以后她似乎也没放弃。

这就是武则天,一个在任何时候都努力活着的女人——活着,很简单,努力活着,则很艰难,因为它需要勇气、信念,甚至绝望地持守。此后,无论是沉寂还是披荆斩棘,我们总能看到一直"活着"的武则天,生命的激情,在这个女人身上从来不曾消弭过。只不过,有时候是势不可挡的山洪暴发,有时候,则是另辟蹊径地小河潺潺。

幸运,属于真正懂得"潜伏"的人。

李治的太极拳

好运总是落到会等待的人身上,贞观十九年,太宗开始陆陆续续长病。机会来了。

太子李治朝夕侍奉左右。

这已经是个被后人炒烂的故事:天真无邪的皇子遇到存心勾引的庶母,美貌与成熟征服了年轻的心,于是,乱伦与阴谋的故事在深不可测的后宫发生了,一如当年隋炀帝烝宣华夫人于父皇病榻之侧——乱伦、通奸、宫廷、皇位,如此狗血的传奇引发了人们的无穷想象,以至于诗人们都跟着意淫——"昔充太宗下陈,曾以更衣入侍。泊乎晚节,秽乱春宫。"(骆宾王《讨武檄文》),史官们都跟着掺和——"时上在东宫,因入侍,悦之。"

而实际呢?太宗不是隋文帝,李治更不是杨广,历史,不是传奇故事。

李治比武则天小 4 岁,是太宗第九个儿子,长孙的第三子,本来,是没有希望成为太子的。开始的太子是嫡长子李承干,小时候聪明伶俐,很受太宗宠爱,但是长大后漫游无度,渐渐失宠。取而代之的是嫡四皇子李泰,这家伙很有太宗年轻时候的影子,有才学有人脉,年纪轻轻就编撰了地理名著《括地志》给老爸看。当然,才能既然能肖父,志向也就跟着"肖"了个十足——阴怀夺嫡之志。

当年太宗就跟自己哥哥内斗,并以非常手段——宫廷政变夺取皇位,现在这兄弟俩有样学样,不需太宗言传就"身教"了,刚刚长成就斗了个不亦乐乎,最后两败俱伤。太宗痛下决心把两个人都处置了,因为他不能给后代树立这样一个榜样——太子不是命定而是可以争取的。

按理,择贤而立不是很好吗? 有利于"民主"的发展。但在"家天下"的体制下,打乱了嫡长子制的基本秩序,动摇了皇室的根本,坏处会更多。显然,接连不断的宫廷政变并不是太宗想要的结果,因此,废了两个哥哥,让李治以母弟身份依次册立为太子。这位小皇子一直没有被当做太子培养,是太宗心上最柔软的宝贝,但是却不是太宗最为看重的儿子——爱有很多种,怜爱不过是其中一种。

不过,太宗万万没想到,他的李氏江山和子孙命运,毁就毁在这份怜爱上。

知子莫若父,太宗也知道李治当皇帝不合适。

他曾数次动摇过,跟其舅长孙无忌商量,说"雉奴(李治小名)仁懦,得无为宗社忧,奈何?"又感叹"你说狼怎么能养出羊来呢? 我年轻的时候……"看着杨妃生的儿子李恪"类己",就动了换人的心思:"无忌,咱们商量个事儿……"却被长孙无忌堵回去了。无忌跟太宗幼年相识,千军万马跟着他一起打江山、闹政变,又是妻子的兄弟,太宗只能给他面子。

不过，太宗最终没有废李治，并非仅仅因为无忌的劝谏，更多的还是英雄气短。

这个儿子虽然不成器，却十分孝顺，那是他君王心肠里的温情铺设。他戎马一生一直刀光剑影，英雄暮年，总希望生命里有些柔软的慰藉——亲征高丽，儿子"悲泣数日"；卧病在床，儿子"入侍药膳，不离左右"；甚至长了毒疮，都为他亲自吮吸……

他老了，他的心也老了，所谓嫡长子继承制，他再也没勇气去打破，毕竟，已经不是"玄武门之变"的年纪了。

但是他想交给儿子一个放心的江山，因此在去世前对朝廷进行了大清理，借口杀掉了几个不太听话的大臣，对李恪那些会威胁太子的皇子们进行黄牌警告(让他们不敢起别的心思)，并且布设了一个庞大而周全的领导班子——以长孙无忌为首的关陇集团，就希望儿子能省事点，能垂手而治，能延续贞观之治。

但是他千算万算，却没想到后宫这一刀。

儿子喜欢上了他的才人。太宗如果知道真相，该去撞墙。

支撑出来的暧昧

但是这并非人们想象里的"秽乱春宫"——很多人认为，武则天利用美貌存心勾引，才会有不伦之恋的发生。在皇帝身边侍候的宫女嫔妃那么多，大家都知道这是未来皇帝，美貌的肯定不少，存心勾引的，也不会太少，为什么单单是一向不受宠的武才人？

这是因为在那个时候，这位刚毅的姐姐一样的才人，给予了李治一种特殊的东西，一种李治需要的东西。

李治小时候就极其依赖母亲,9岁失亲后,太宗一时心软把他留在身边,他就开始极其依恋父亲。尽管太宗也试图正规教育,小时候让颇有才学的太妃薛婕妤教导他;长大以后让他跟着名师到处"游学";当了太子以后,马上任命长孙无忌为太子太师、房玄龄当太子太傅、李绩当他的太子詹事……几乎出动了所有朝廷重臣,就是希望他能独立成才。

但这位皇子还是像牛皮糖一样粘着他,15岁离宫独居的时候,哭得稀里哗啦生离死别似的。16岁成了太子,更以东宫身份经常出入宫闱。父亲出征让他代理朝政,他哭了好几天。太宗都不解了:"你哭啥?"皇子哽咽说:"不忍离开。"远征高丽回来病倒了,需要到处迁居疗养,他依然百折不回地粘着,太宗也没辙,最后搬到哪里都在旁边盖一座专供太子居住的宫殿,好让他们这对父子日夜相见……

依赖型人格。

依赖型人格对亲近与归属有过分的渴求,这种渴求是强迫的、盲目的、非理性的,与真实的感情无关。依赖型人格的人宁愿放弃自己的个人趣味、人生观,只要他能找到一座靠山,时刻得到别人对他的温情就心满意足了。依赖型人格的这种处世方式使得他越来越懒惰、脆弱,缺乏自主性和创造性。由于处处委曲求全,依赖型人格障碍患者会产生越来越多的压抑感,这种压抑感阻止着他为自己干点什么或有什么个人爱好。

这位太子的孝顺不是装出来的——母亲死了,父亲就一直是他的天。可是,现在老爸病倒了,并且很快会离他而去,他需要,新的依靠。

这个时候,武才人浮现于他的生命视线。

这位姐姐他或许很早就认识了,但是并不像我们如今叙述的女主角,能让年轻太子一见就钟情,一钟情就迷恋,一迷恋就疯狂。其实在那个时代,男人才是主角,太宗是皇帝,李治是太子,所有的人,大臣、太监、妃嫔,甚至宫女们都是围着这两个人转的,小小的武才人怎么巴结得上？

何况在太子眼里，父皇的妃子太多，他数都数不过来，美貌超群也太多，他看都看不完，对于这位一直寂然的才人，平日里或许，不过尔尔。

但是父皇的病重改变了一切。武则天负责皇帝的休息起居，太子又随着侍奉，在一种紧张态势下，两个人成了共同照顾太宗的"同伴"。太宗什么时候移居，什么时候休息，什么时候吃药，李治当时一定要问的，问谁？武才人。

父皇的病一日重似一日，他的天空眼看着就要倒塌，他是太子，每个人都觉得他应该是依靠，可是他却想找个人依靠。舅舅长孙无忌再怎样也是臣子，何况找他安慰，一定会得到些冠冕堂皇的大道理——现在的太子不想听。

他想找到一种纯粹的、人性的、生命里的依靠，支撑着他走下去。这个时候，那个武才人才真正出现在他的视线里。开始，想来也只是一个安慰者的身份，她的干练果断，她的刚毅勇敢以及她身上发出的勃勃生机，感染着这个柔弱的青年，激励着他勇敢去面对一切。

父皇的必然离去、太子的责任、未来的大唐帝国，努力活着……

爱情，是在合适的时间碰到合适的人。妙在合适的人，更妙在，合适的时间——慢慢地，安慰变味了。

这实在不能怪武则天，十一年的静寂，又是个多情多欲的人儿，如今居然有人来依靠，而且这个人还是当今太子，这种莫名的惊喜与刺激冲击着武则天的伦理防线。虽然她早已是太宗姬室，但是这么多年来，心灵的空旷、太宗的冷遇，让她本以为一切已成死灰，而现在，她恋爱了，真正地投入了爱河。

当然，我们不能否认这份爱同时也带有投机成分，一如当年她那商人父亲对高祖李渊的投资，只是，在那个时候，情不自禁的真情应该更占主流——不要忘了，当时她只是个小小的才人，李治也只是太子，太宗为了皇位杀了多少儿子,废了多少子孙且不说,这位英雄的威严,大臣们都战战兢兢,何况两位年轻人。

因此实际意义上的偷情,不可能——当时避孕手段并不发达,病重的老皇帝也绝没有心情临幸这位小才人,一旦怀孕,就是死,还是全家死,武则天不可能这么做。而李治更没这个胆——他能躲过手下一大帮子人跟老爹的才人亲热,这个几率不能说没有,但起码也不是这位长于妇人之手的贵公子之能力所及。(太宗这种不循法度的调皮孩子还差不多。)

但是暧昧,是有的。

并且还是一种带有刺激性的共同患难的暧昧。

> 看来成碧思纷纷,憔悴支离为忆君。不信比来长下泪,
> 开箱验取石榴裙。
>
> 武则天·《如意娘》

爱,心心相印,互相扶助,却为人不容而成为禁忌,因此只能将此情化作片片心碎的相思,让它在每个寂寞的夜晚里惆怅飘荡——这就是当时的武则天与李治。

我总觉得,每份爱情里都寄托着一些美好,哪怕是别人看来的不齿之恋(婚外恋、不伦恋),正因为这些美好才让人觉得有意义有价值,正因为这些价值才让心灵激情动荡。武则天,也是个普通的女人,她不是生来就是权力动物,也不是一入宫就准备君临天下,即使在深宫待了那么多年,由于从未进入权力高层,要说真正的争斗也轮不着她。对于李治,对于李治此时此刻对她才能气质的欣赏,对她那鲜活本性的依靠,我想是感激的,并且真正心动的。

女人会爱上真正欣赏自己的男人。

男人生活的主角

贞观二十三年，太宗病逝，新皇登基，这段暗香流动的禁忌之爱，在改天换日的浩大里，终于湮没无声。李治突然意识到父亲真的离他而去，他现在成了大唐帝国的主人，权力的愉悦、皇帝的尊贵以及亲人的病逝交织混杂，让他茫然失措并振奋。

爱情，不再是李治生活的主角。

次年八月，太宗皇帝的葬礼完毕，嫔妃们如有儿子，就出宫随儿子生活，没有孩子的，只能进入禁中的感业寺出家。对于武则天来说，仿佛是意料中的事，他，终究会离她而去，这份爱，既猜得中前头，也猜得中结局，他是皇帝，她是庶母，本来就天人相隔，又能如何？

自此黯然别宫。想当初"见天子庸知非福"的壮志，狮子骢式的少年冲动，自强不息的个人修炼，以及生命那最后闪亮的爱情之火，都不带一点云彩地挥挥手，撒由那拉了。

许是万丈青丝飘然落地，佛祖金光映衬着她还美貌的脸庞，那个人，终究是忘了她的吧，突然黯然神伤。

说实话，李治是忘了的。

这年，他宠爱的萧良娣给他生下了次女，新皇登基，他忙着封自己的儿子为王，自己的妻妾为后妃，自己的大臣为辅政内阁。至于跟那位才人姐姐的爱，太忙了，光天化日里，实在太忙了。

他忘记了。爱情，从来不是男人生活里的主角——尤其是冒险的爱情。因为出轨是要冒风险的，对于乖乖儿李治，有些东西有贼心也不会有贼胆。我们看他的一生，离开皇宫是父皇之命，当上太子是哥哥们无德,登基皇位是舅舅之请——完全是张无忌的再版:练"九阳真经"完全是无意中得之,习"乾坤大挪移心法"是从小昭之请;当武林盟主,执掌屠龙刀,既是少林武当的高人的盛情难却,也是迫于军情紧急;与周芷若订婚是奉谢逊之命;不与周芷若拜堂又是受赵敏所迫。

让这样一个男人冒天下之大不韪,公开娶自己的庶母,不太容易也不太可能。有论者认为按照李治的性格推测,他正好能做出这样的事情,因为他的软弱不是真相,充满着超越父亲的潜在欲望与冲破伦理禁忌的刺激性,让这个看似乖顺的男人会经常在光天化日之下做可怕的事来。但是我们不要忘了,他更注重安全感,他现在是皇帝,天下女人很多,一个男人可以为了内心的某些邪恶冲动去勾引庶母,但是如果会威胁自身,他则没必要冒这个险——尤其在刚刚登基的时候。

一个人无论怎么爱,最后爱的,毕竟还是自己。

于是武则天的命运,本该一如唐代墓志铭里,某条来过这个世界的寂寞生命:"幼年入宫而不知名,仪凤三年四,葬于城西,题为:大唐故亡尼七品大戒。"(仪凤是李治时期的年号,尼姑不会有这种品级,显然这位亡人是太宗时期的七品嫔妾,太宗死后出家,从此长伴孤灯,死后连名字都不知所载了……)籍籍无名于历史沉积之下,相对于恒沙数一般的历史个体,来过,走过,那"七品"的称谓,成为余生唯一的慰藉,承载着她人生所能指向的所有意义,带着无数野心勃勃的小女人的壮志,飘然离世。

如果,如果——

历史会改变,但是方向却不会掉头,在那个上层贵族与庶族交织的时代,那个均田制与府兵制渐行渐远的时代,即使不是武则天,也会出现一个雄才大略的君王来把舵,为时代,为历史,为所有,铺垫下时光岁月的渺渺余音。

幸而不幸,历史把这个重担,交给了这个女人。

仙女的失宠

因为一个人，武则天的命运改变了，王皇后——她未来的情敌。

这个世界上很多人生来就好命，锦衣玉食且身份高贵，平平静静且一帆风顺，王皇后，就属于这种。她出身真正的高门大姓，高贵的门第，良好的教育，如花的美貌，14 岁顺利嫁给皇子李治，随着丈夫高升又顺利地进封太子妃、皇后，可谓一帆风顺。

一个人一辈子一直很顺利，并不是什么好事。

可能就是因为太过好命，史书说她"性简重，不屈事上下"，这辈子什么都来得太容易，就不会懂得珍惜，就不会懂得争取。人，都这样。

当然，更为致命的是，她是仙女，不对老公的胃口。

不要忘记，周芷若虽然倾城绝代，虽然名门正派，虽然天作之合，张无忌还是喜欢了武林公敌赵敏。性情相投是没办法的事情，张无忌的本性决定，在他的生命中更需要一种刚毅而杀伐的冲击力量作为补充，从这个意义上，周芷若太正。

同样，对于李治来说，王氏太正。

出身正，长得正，性格正，可是他偏偏喜欢妖精，因此，他们夫妻关系并不怎么好。只不过在那个时代，夫妻本来就是一种利益结合，王氏是那个时代最正点的妻子，李治还可以有很多自由选择其他喜欢的女人，因此，这种关系一直还是稳定的。

但是当登上皇位的时候，一切都发生了改变。

王皇后突然发现自己没有孩子，而丈夫似乎越来越偏宠那个萧淑妃。本来丈夫爱谁，她是不在乎的，她只要做好自己的正牌夫人即可，但是随着萧淑妃生下一子二女,随着萧淑妃的儿子李素节被封地雍王,皇后害怕了。

在当时,雍这块封地很少封给嫡皇子以外的儿子。李治此前生的三个儿子,都是身份不高的妾室所出,而素节是淑妃所出,萧家亦是当时的高门大姓,其出身并不输于她。淑妃又受丈夫宠爱,如果这位妃子再闹腾两下,素节变成太子,淑妃变成太子之母,她皇后又往哪里摆?

她害怕了,丈夫的爱,她可以不在乎,但是皇后之位,她不可能不在乎。

她必须想办法。

摆在她前面有两条路:一是重新获得丈夫宠爱,并生下皇子(可能性不大);二是引进新人,以分淑妃之宠,但这就存在一个潜在危险,如果这个新扶植起来的嫔妃不服管教,成为第二个淑妃怎么办?

就在这个时候,王氏听到一个致命的消息。

李治登基第二年五月,正是太宗忌日,他派使者去昭陵拜祭,自己则就近去禁中的感业寺行香。这个时候,史书记载了戏剧性的一幕:

> 上因忌日行香见之,武则天泣,上亦潸然。
>
> 《唐会要》

这个情景《旧唐书》、《资治通鉴》都记载了。史官们不是言情写手,没那么多精力去意淫皇帝跟庶母如何旧情复燃,因此我们可以确定,这个情形应该是很多人见到的,并真实发生。当然,这也就否定了另外一个推断——李治跟武则天是事先约好的。

想想,如果你是李治,跟庶母情人约好躲过这个风头就接进宫……你会不会当众跟她对泣?戏不是这么做的,背后搞鬼,表面上就一定风平浪静，悄悄进宫，表面上就一定若无其事。何况两人身份尴尬，一个是当今皇上，一个是先帝嫔妃，如果有点准备，谁会上演当众对泣的哭戏？

这场戏，起码对于李治来说，是没预料到的。

他当时正盛宠萧淑妃，今日不过依例上香，看望先帝嫔妃时，突见昔日才人，满头青丝变佛衣闾巾，貌美如花成憔悴支离，想起先父病重时刻的心心相印、患难相助，而今咫尺天涯，斯人独憔悴，怎能不让他泪流满面？

这是个柔软的男人，虽然善忘，但并非薄情。

但是对于武则天，我们就很难说无意。

皇帝要来感业寺，她一定提前很久就知道了，这一年里的寂寞与空度，蚕食着她的青春与壮志，那些漫不经心的过去与些许生命闪光都付诸东流，对于这位激情多志的尼姑来说，前面没有路。她不会真的信佛，无论是从前还是现在，或者以后，佛永远是她拿来用的工具，她只信自己，可是荒诞的命运只给她安排两条路：死，或疯。

突然想起《肖申克的救赎》里的安迪，被诬入狱之后被同性恋的同伴看中，经常被围堵凌辱。在监狱里呆了20多年的瑞德看在眼里，他说："如果这种状态持续下去，我不知道安迪会怎样……"强大如安迪，如果不是遇到一个事件挽救了他，他也会崩溃。人，在命运面前，就是这样弱不禁风。

正在武则天要被岁月掩埋时，皇帝要来进香，她的机会终于来了。

设计后的"爱情"

机会,老天可以给,但是救赎,却只能自己给。

当她处心积虑地站在前排,望着从前欣赏甚至崇拜过自己的恋人,想起从前相互扶持的岁月,如今他是光芒万丈的当今圣上,而自己,就要在这寂寞空洞的寺庙里消弭无踪吗?泪水,突然夺眶而出,憔悴的面庞梨花带雨,越发楚楚动人,引得李治亦"潸然"。

《如意娘》那首诗,就是这个时候写给李治的——恍惚中竟将红色看成绿色,憔悴支离回忆过往,那曾经的恩爱与欢乐,那曾经的心心相印,都化作片片相思,如果你不信,开箱看看那石榴裙里上的斑斑泪痕吧!

这符合武则天当时的心境,也符合当时武则天的用心。

太宗病重时,是李治需要她的安慰与支撑,她还带着几分庶母的矜持与尴尬,彼此之间顾忌太多,爱得痛苦且爱得内敛。现在则不同了,太宗死了,命运掌握在这个男人的手中,如今天上地下,她要救赎,先要得到这个男人。

因此"不信比来长下泪,开箱验取石榴裙"。

为什么要怀疑李治"不信"?

因为从前的暧昧里,她的感情独立而自然,矜持而内敛,李治是那个主动偎依者。现在,为了不疯或不死,不被窒息,她必须主动出击,因此她哭,她要证明给李治看,她非常爱他,她相思入骨,她把她的石榴裙都打湿了,她很可怜。

一份带有心机和目的的爱情,往往更富有戏剧性和感染力,更能打动人。因为做戏的肯夸张，看戏的就更容易被感染。

上学的时候，一男生追同宿舍的一个女孩，追得可谓惊心动魄。女孩生日，他在宿舍楼前布下十几米的布告条："×××，我爱你!"并真的买了九千九百朵玫瑰送给这个女孩……女孩感动得泪流满面，当众答应交往，并发下"爱你一辈子"之类的誓言……可是几年之后，我们很遗憾地看到，佳偶变成了怨偶，男孩事业有成以后，出轨离婚，像扔抹布一样地抛弃了女孩，女孩怎么也不相信曾经那么爱她的男人会薄情如此。其实，说穿了很简单，在那些惊天动地的爱情秀背后，是一个现实又可怕的动机：女孩是北京人，亲戚开一家公司，男孩需要留在北京，并需要一份工作——就这么简单。

人世间，至爱无声! 你爸妈一定是最爱你的人，但你见过他俩天天做深情状，"孩子，我爱你，我爱你"吗?

因为内心感情不足，才需要夸张来填补空虚，在那些戏剧性的爱情秀背后，隐含的，总是些很无奈很现实的功利动机——圈套。

但天下哪有不上感情当的痴男怨女?

李治动心了。像这样多情的男人，对感情的过敏度本来就低，从前慕恋的旧情人又如此楚楚可怜，让他如何不心动? 但心动并不能就行动，他是新皇，舅舅老臣们正虎视眈眈，如此弥天大罪他不敢，所以只能哭，不仅在寺庙哭，回宫也哭。估计还拿着武才人给他的情诗迎风流泪，怅然望月，感叹红颜薄命，咫尺天涯，天道无常。

这个时候，皇后跳了出来。

宫里生活的人，谁都不是混饭吃的，作为权力中心的皇帝，是真的万般宠爱，随口吐痰都会成为传闻、传奇、传说，何况"当众对泣"这么有色彩的新闻? 皇后不会不知道。而今皇帝对着先帝嫔妃哭泣，虽然可以解释成共同回忆先帝光荣事迹的伟大的神圣，但是那份暧昧的味道，聪明人都能闻得出来，何况回宫以后李治的举动，实在太过明显了。王皇后虽然性格"简重"，但不傻。

她做了个可怕的决定，招武才人进宫。

当时看，这是上策。因为皇后顾虑的不是皇帝究竟爱谁，而是她的地位是否稳固。她一直没有孩子，出生同样高贵的萧淑妃又生了儿子，还十分受宠，离她的位置并不远，但是武才人离她的位置，实在太远了。封后是要大赦天下的，武则天门第不高，老臣这关过不去，身份尴尬，礼法这关也过不去，她就不信自己那个懦弱的丈夫敢冒这个大不韪！

因此，与其再招一个出身高贵年轻美貌的女人来树敌分宠，不如招一个无论如何也做不了皇后的小才人进宫。此举既可以分淑妃之宠，又能取得皇帝的欢心。她，贤德地能冒这个险为李治做如此不敢为之事，李治日后对她还不感激涕零？

实话说，皇后的打算并没错，这也是正常的事态发展。那个时候谁都不会想到武则天能成为皇后，进而成为皇帝，连武则天本人都没这么想过，王皇后自然更想不到。

永徽（李治年号）二年五月，皇宫传来密旨，令武则天暗中蓄发。永徽二年八月，李治丧期已过，头发长得已经足够戴假鬓的武才人秘密进宫，被悄无声息地安插在皇后宫中……站在远处的历史老人，微微而笑。

武才人的魔界

一年以后，武才人又回来了。

吃了万般苦，削了万般青丝，费了万般情思，用了万般手段，终于，再次进宫，为了，重生。

此时，论年纪，堪堪 26 岁，与新近入宫的青春少女比起来，早已不再年轻。论模样，女人最经不起的，是岁月，长得再美，还能过几年？论地位，先帝才人的过去，就是她终生的死穴，目前只能在皇后宫殿里，做一名没有品级的侍女……与当年的美貌、才华和地位的辉煌相比，简直跌至零点。

但是有一点，是不同的，一种根本性的不同——从她在感业寺刻意勾引李治开始，一个新的武则天横空出世了，不是年轻气盛的媚娘，也不是矜持内敛的小才人，更不是楚楚可人的五品女尼，而是武则天，真正的武则天。

如果说太宗后宫里的武则天，还奔波在常人的轨道上，出身于新贵功臣，长得美丽但性格冲动，能干多才但不受天子喜欢，刻意表现了几次仍然不对口味，因此便汲汲然按部就班地走下去。如果，如果太宗活得比她长，她可能也就是武才人，也只能是武才人，不幸福，但也不痛苦，不满足，但不崩溃，像所有的正常人一般被岁月抹杀于平淡无奇里。

她是个普通人，那个什么贵为天子的神奇预言不过后人胡扯，那个时候，她也只能是个普通人。

但是二进宫以后，一切将不再相同。

置之死地，才能后生。

因为你已经死过一次，因为你已经无路可退，因为你后面就是万丈悬崖，不是生就是死，世界从来不同情弱者。

看破之后，仙道，即魔界。

昭仪 生存觉悟是正道

生存觉悟是正道

《后宫》里的女主甄嬛，本来已经出家，后来泯灭掉内心所有的爱与情，"只当自己死了"重新进宫。只有那个时候的甄嬛，才是皇帝眼里的"贤良淑德"，而暗地里却阴谋诡计无恶不作，最后荣登后位，掌管天下。

隐含逻辑：变坏，才会掌握权力？

很早以前还看过《流氓大亨》，同样一个正直善良的青年，在人生起伏里终于被社会吃掉，变成了流氓才成了大亨。

隐含逻辑：变坏，才能拥有财富？

其实，进入社会的人都知道，所谓"好人必有好报"的理想逻辑，终究会在现实里粉身碎骨。太多的头破血流之后，我们总变成《潜伏》里的吴站长而不是余则成，那个起初一腔热血而终被生活庸俗腐蚀的男人，那个退休时悲哀地喊着"手里除了这点钱还有什么"的男人，仿佛就是甄嬛母仪天下之后的缩影。权倾天下的背后，往往一无所有……

那么，一个人如果想取得现世的成功，是否必然要放弃理想、放弃道德，甚至放弃人性？接踵而来的问题是：你成功了又如何？你有钱了又如何？你有权了又如何？你拥有了天下美色又如何？《圣经》上说："虚空的虚空，凡事都是虚空，日光之下所做的一切事，都是虚空，都是捕风……"

后来我发现，纠结的原因不是因为世界本身的无间道，而是自己的"非黑即白"的二元思维。文学专业的出身让我似乎忘记了世界的另外一扇门——经济思维，那超越道德的另外一种世界规则，那没有善恶，不分好坏，没有太多的价值判断，只是规律的生存理性。

打开门，这个世界的真相，是利益之间的互相制约，是防止混乱而制定的秩序规则，是为了生存为了更好发展而衍生出来的必要诚信，而不是作为永恒真理的道德君子。孟子所谓四端人性之善，做做个人修养也就罢了，但在一个有了人有了利益有了恩怨的江湖，哪里有真正的好人又哪来真正的坏人？芸芸众生，充满的不是道德童话，而是金枝欲孽。

当然，这并不代表我们就彻底放弃理想，放弃真善美的期待。在那个现实人生的复杂博弈里，美好的守候就存在于你生活的点点滴滴里，只是，当你不作为"完整的人"，而是"社会人"、"经济人"，进入社会工作的角斗场时，另外一种理性与法才会让你成功。

当武则天第二次进宫的时候，她已经不再是武家的二女儿，也不是杨氏教育出来的美貌才人，多年正常努力的失败，感业寺的死而复生，让她消弭了天生的任性、幼稚、冲动，也消弭了作为人的完整，从此以后，后宫就是她的战场，她活着，就是为了战斗，失败，就是死亡。

她从来没有这么清醒过，也从来没有这么理性过——千万不要轻视人类潜能的力量。要知道，当王皇后萧淑妃们还漫不经心地当孔雀时，狮子，已经悄悄觉醒。

武则天成功秘籍一：生存理性。

信息对称是先决

对于一个想成功的人来说，首先要掌握什么呢？

信息。古今中外的失败，无一例外都开始于信息不对称。

　　三国时，司马懿进攻蜀国的街亭，诸葛亮派马谡驻守失败。于是司马懿率兵直逼西城，诸葛亮当时无兵迎敌，但他沉着镇定，大开城门，自己在城楼上弹琴而歌。司马懿知道诸葛亮一生谨慎，于是不敢冒进，引兵退回。其实，只要诸葛亮城里出一个奸细，蜀国就亡国了。可惜，司马懿没有得到真实的情报。这是战场上信息不对称的案例。

　　《半生缘》里曼桢被姐姐拘禁，世钧去姐姐家找她，被姐姐用谎言打发走了，并还给他一只戒指——"那只戒指还在他口袋里。他要是带回家去仔细看看，就可以看见戒指绒线上面有血迹。那绒线是咖啡色的，干了的血迹是红褐色的，染在上面虽然看不出来，但是那血液胶黏在绒线上，绒线全僵硬了，细看还是可以看出来的。他看见了一定会觉得奇怪，因此起了疑心，但是那好像是侦探小说里的事，在现实生活里大概是不会发生的。世钧一路走着，老觉得那戒指在他裤袋里，那颗红宝石就像一个燃烧着的香烟头一样，烫痛他的腿。他伸进手去，把那戒指掏出来，一看也没看，就向道旁的野地里一扔。"

　　如果他仔细看一下那只传递信息的戒指，他跟曼桢的命运都会改变，可惜，他扔了那枚戒指，从此让他们天人永隔，再也不能在一起。这是爱情故事里信息不对称的案例。

　　一个消费者买二手电脑需要 5000 元，但是这台电脑真实价值只有 3000 元，如果消费者购买这台电脑，就将损失 2000 元。但如果他请电脑老板吃个饭，老板很可能就会以 4000 元卖给他，而饭费可能也就 300 元，那么这位消费者不但没亏，反而赚了 700 元。但是大部分消费者都会按照 5000 元来买这台电脑。这是商业中信息不对称的案例。

　　美国媒体的涉华报道总是以负面新闻为主，存在着很多臆测和妖魔化。2006 年 8 月，美国宾夕法尼亚州发生一起轮胎事故，导致 2 死 1 伤，美国媒体不加调查，立刻归罪于中国杭州中策橡胶有限公司，说他们生产的轮胎存在质量隐患，结果，经过调查才发现，轮胎事故是在没有正常使用的状况下发生的，并且出事的汽车轮胎里，三个是杭州中策所造，另外一个为米其林品牌。

根据芝加哥大学心理学教授博阿兹·凯萨尔研究，"这是因为美国人及其他西方人很难从别人的角度看待事物，其中一种后果便是交流效率不断降低；相比之下，生活在鼓励成员持集体主义态度的社会里的中国人更善于理解别人的观点。他们提出，中国文化中普遍存在的互相依存关系对生活在这种文化里的成员有着长期影响，这种互相依存关系会让人们利用区分自我想法和他人想法的能力。"这是信息不对称在文化上的案例。

信息不对称，其实就是消息在传递过程中出现了失误，它会影响接受者的心理，督促他们做出错误的行为，进而直接决定事情的发展方向。一个实践者想要成功，首先要做的，就是尽可能掌握更多信息，避免信息不对称。

武则天凭借11年的后宫训练以及死而复生的勇气，回宫第一招，就是信息战。

"由是后及妃所为必得，得辄以闻"——建立起庞大而严密的信息网络，让宫中布满她的耳目，从而能迅速有效地掌握信息，作出正确的决策。

但是她是如何做到的呢？

韦小宝的法子。

武则天成功秘籍二：信息对称。

屈身接纳是霸道

韦小宝这种不识字的市井无赖，之所以能在最复杂最可怕的皇宫里混得开，全凭四个字——屈身接纳。

他是妓女的儿子，跟谁交接都是"高攀"，因此这位小无赖可以做到真正的"平等"。可贵的是无论他是皇帝的红人，天地会的坛主，还是最后的鹿鼎公，他从来给自己的定位就是——扬州妓院的小无赖。从这个角度说，小宝同志真是个有境界的人。

武则天出身不低，虽然不是高门大姓，但起码也是当朝新贵之后，在还是才人的时候，她可能并没有真正放下自己的架子。她入宫就是五品内官——后人看来似乎品级不高，尤其是与荣升二品的徐才人相比，越发显得落魄。其实这是误解，不要忘记一个皇帝的后宫有多少人，大多数可能都是历史连提都不肯提的籍籍无名者，五品，相对于那些连品级都没有的下人们，已经是有头面的主子了。

等武则天再次进宫，史书记载她从五品直接升为二品昭仪，那就证明在这之前她什么都不是，只是皇后宫里的一个特殊婢女罢了。经过了尼姑生涯，已经升级的武则天早已放下，放下所谓的才人身份（只会给她带来羞辱），放下所有的一切，平等地、同时也是功利地看待后宫里的大多数。

那些沉默，但却关键的大多数。

而她，还受着皇帝的宠爱。前文已言，对于李治这个权力核心，如果说从前是平等地情发自然还带着内敛的矜持，现在却是刻意的作秀与夸张的表演。而男人们在这方面情商不高又容易入戏，因此刻意的取媚加天性上的契合,让李治迷恋上了这位姐姐,给了她大量的赏赐——她把这些都分给了众人。

从宫女太监们的角度想,一个站在高位的皇帝宠人儿,自身巴结还来不及,她却能以平等姿势尊重你,以利益金钱来拉拢你,不仅以利动之,还能以义牵之,你会怎么做?

那庞大的情报网就是这么建立起来的。

武则天成功秘籍三:屈身接纳。

厚黑造势是铺垫

建立情报网之后,武则天要更加站稳脚,她还需要另外一种东西——"势"。

战国时期的苏秦出身低微,家境贫寒,起初出道时游说不利,落魄回家而受尽奚落,妻子对他不理不睬,嫂子连饭都不给他吃,父母兄弟都嘲笑他……但是,当他成功得势之后,身佩六国相印,执掌六国军政大权回来,家人立刻盛情款待,嫂子都跪着迎接他。苏秦问她:"何前倨而后恭也?"嫂子老实回答:"见季子位高而多金也。"——因为你地位很高权势很重。

从众人鄙夷到"一怒而诸侯惧,安居而天下息",这就是"势"的可怕力量。因此韩非子说"贤人而诎于不肖者,则权轻位卑也;不肖而能服于贤者,则权重位尊也。尧为匹夫,不能治三人;而桀为天子,能乱天下"——一个人想在权力场活得长久些,必须能占据有利地位,能占据"势"。

武则天当时拥有君王的宠爱、皇后的默许与众人的拥戴,但是这些只是潜在资源，它仅仅能保证这种状态持续。就像是公司老总的私人助手，深受老板信任并且掌握了大量人脉资源，但却没名没分，只是隐藏在老板背后的一个影子，那么最后的结局很有可能是莫名其妙地消失——在失去利用价值的时候。

武则天是皇后分宠的工具，她很清楚，那个庞大的蜘蛛情报网就是为了防身而设置的。只不过，如此下去只能是坐以待毙，斗倒淑妃之后自己不用进佛堂，很可能就直接升天堂了。因此她下一步的目标是，握"势"升级。

怎么升？利用淑妃牵制皇后，利用皇后忽悠皇帝。

皇后本来是为了分淑妃之宠，但是在武则天晋封昭仪之前，淑妃似乎没有犯大错，那证明她并没被皇后集团斗垮。其真正原因是武则天本人不着急，因为淑妃得势一天，皇后就需要她一天。不管怎么说，在这个后宫里，在自己地位并不稳固之前，她还需要皇后的帮助。

皇后身为后宫之主，是自己的上司兼情敌，那么怎么让这位情敌上司帮自己呢？

"求官"六字真言："空、贡、冲、捧、恐、送"（俱是仄声）。

这是民国奇人李宗吾总结的升官诀窍，也是中国宗法社会里千锤百炼的升级秘方，更是古今通吃的中国式人际攻略。

（一）空

即空闲之意，分两种：一指事务而言，求官的人，定要把一切事放下，不工不商，不农不贾，书也不读，学也不教，一心一意，专门求官。二指时间而言，求官的人要有耐心，不能着急，今日不生效，明日又来，今年不生效，明年又来。

《厚黑学全集》

武则天这段时间的锁定目标就是升级，自然全力以赴，并且极有耐心。

（二）贡

这个字是借用的，是四川的俗语，其意义等于钻营的钻字，"钻进钻出"，可以说"贡进贡出"。求官要钻营，这是众人知道的，但是定义很不容易下。有人说："贡字的定义，是有孔必钻。"我说："错了！只说得一半，有孔才钻，无孔者其奈之何？"我下的定义是："有孔必钻，无孔也要入。"有孔者扩而大之；无孔者，取出钻子，新开一孔。

《厚黑学全集》

皇后是后宫之主，虽然不受宠但地位崇高，武则天是皇后接回来的，自然要钻营好这位主子，史称"下辞降体事后，后喜，数誉于帝"。出身高贵但智谋不及的皇后显然被她忽悠昏头了，以为这位武才人真的对自己感激涕零进而忠心耿耿，因此居然建议皇帝提拔她……

（三）冲

普通所谓之"吹牛"，四川话是"冲帽壳子"。冲的工夫有两种：一是口头上，二是文字上。口头上又分普通场所及上峰的面前两种，文字上又分报章杂志及说帖条陈两种。

《厚黑学全集》

武则天一生都很重视舆论宣传工作，她深知口耳相传众口铄金的厉害，情报网在某种程度上就是为这个开的。皇帝李治耳根又软，面对着宫人们夸，皇后夸，又是自己非常迷恋的"好人儿"，不给她升级岂不是伤天害理？

（四）捧

就是捧场的捧字。戏台上魏公出来了，那华歆的举动，是绝好的模范的人物。

《厚黑学全集》

《天龙八部》里的星宿老怪最喜欢别人吹捧，进他门的子弟必须学到厚颜无耻拍马屁功夫才能生存下来。韦小宝之所以受康熙宠爱，大部分原因也是因为会拍马屁。好话是人人都爱听的，每个人活在这个世上都不容易，会对能增强自信的人产生好感似乎是一种本能。武则天是聪明人，她应该知道说什么话能让皇后高兴，怎么做会让李治快乐。平等相处的时候，有些话、有些事我们是不肯的，从前的武才人也是不肯的，只是，现在不同了。于是聪明才智加有功利地、刻意地、全身心迎合，这位可爱的武氏女子在众人眼里是如此的柔媚可人。

（五）恐

是恐吓的意思，是及物动词。这个字的道理很精深，我不妨多说几句。官之为物，何等宝贵，岂能轻易给人？有人把捧字做到十二万分，还不生效，这就是少了恐字的工夫；凡是当轴诸公，都有软处，只要寻着他的要害，轻轻点他一下，他就会惶然大吓，立刻把官儿送来。学者须知，恐字与捧字，是互相为用的，善恐者捧之中有恐，旁观的人，看他在上峰面前说的话，句句是阿谀逢迎，其实是暗击要害，上峰听了，汗流浃背。善捧者恐之中有捧，旁观的人，看他傲骨棱棱，句句话责备上峰，其实受之者满心欢喜，骨节皆酥。"神而明之，

存乎其人"，"大匠能与人规矩，不能使人巧"，是在求官的人
细心体会。最要紧的，用恐字的时候，要有分寸，如用过度
了，大人们老羞成怒，作起对来，岂不就与求官的宗旨大相违
背？这又何苦乃尔？非到无可奈何的时候，恐字不能轻用。

《厚黑学全集》

武则天在皇后的宫里，耳目遍地，根据此后她的行为，似乎皇后的
一举一动俱在掌握之中。在升昭仪之前她是否"恐"了皇后，史书没
说，我虽然爱瞎猜但也不好妄猜，只是根据她此后的手段，皇后的把柄
一定在她手里握着，好在关键时刻主动出击。

其实无论在权力场还是职场，利用别人的手段自古以来都是两
种：一种是恩赐，一种是威胁。前者需要诱惑，后者则必须掌握把柄，
并且，往往在关键时刻，后者更重要，因为人心知足太少，但是怕威胁
的太多。

两手都要抓，两手都要硬。

（六）送

即是送东西，分大小二种：大送，把银元钞票一包一包地
拿去送；小送，如春茶、火肘及请吃馆子之类。所送的人分两
种，一是操用舍之权者，二是未操用舍之权而能予我以助
力者。

《厚黑学全集》

韦小宝贪财，但是绝不吝啬，秉着有钱大家分的原则，才能左右逢
源、大小通吃。武则天也懂这个道理，因为受宠，她得到皇帝的赏赐很
多，于是要么给了下人，要么供奉给了皇后。天下拒绝礼物的人毕竟

少数,大多数都是普通的凡人,做不了孔子更做不了海瑞,武则天需要的权势,用买来获得应该是最通达的道路。

这些如果都做到了,会有什么效果呢?

> 这六字做到了,包管字字发生奇效,那大人先生,独居深念,自言自语说:某人想做官,已经说了许多(这是空字的效用),他和我有某种关系(这是贡字的效用),其人很有点才具(这是冲字的效用),对于我很好(这是捧字的效用)。但此人有点坏才,如不安置,未必不捣乱(这是恐字的效用),想到这里,回头看见桌上黑压压的,或者白亮亮的堆了一大堆(这是送字的效用),也就无话可说,挂出牌来,某缺着某人署理。求官到此,可谓功行圆满了。于是走马上任,实行做官六字真言。
>
> 《厚黑学全集》

皇后某天某日某刻,独居深宫,自言自语:武氏想升级了,已经表达过很多次了("空"),她又是我的心腹("贡"),这个女人还真有些本事,连我的心腹侍女都称赞她("冲"),她对我又好,忠心又体贴,曾经好几次推皇帝到我这里来("捧")。但是这个女人也太有本事了,我的那些事情不知道她知道不知道,如果不答应的话("恐")……想到这里,回头看看桌上她供奉的珍奇美玉,终于无言。赶着那天皇帝在,守着众位妃嫔,正好宣布武则天怀孕,话赶话挤在那里了:"皇上,武氏温柔恭顺,可做嫔妃表率,现在又怀有龙子,等孩子出生以后就晋了位吧。"

于是,李治大喜。

于是,萧淑妃大吃一惊。

于是，众人皆称皇后贤德，皆说武氏有福。

于是，武则天受宠若惊，叩头谢恩。

永徽三年，荣升昭仪，二品。

大唐后宫妃嫔等级：

夫人：贵妃、淑妃、德妃、贤妃。正一品。

九嫔：昭仪、昭容、昭媛、修仪、修容、修媛、充仪、充容、充
媛。正二品。

婕妤九人，正三品。

美人九人，正四品。

才人九人，正五品。

宝林二十七人，正六品。

御女二十七人，正七品。

采女二十七人，正八品。

勇于冒险是推助

很多年以后，当她的王朝已经覆灭，她的子孙已经寂然，她的影响
已经黯沉，男人们回头再去看她，称为"昭仪"。

她的一生，其实有过很多称谓：才人、昭仪、武则天、太后、圣母圣
皇……经过历史大潮的淘汰之后，只有"昭仪"这个名字，暗暗沉落在
男人们的淡漠意识中，留待蓦然时刻，悄悄回首这个女人的传说……

昭仪，是为正二品九嫔之首，位置仅次于皇后与四妃，"掌教九御
四德，率其属以赞导后之礼仪"。

似乎在男人们的臆想里,适合这位地位不高,身份尴尬却美貌厉害的女人的最合适位置,是昭仪——皇帝的妾,还不是最高级的妾,而是仅次于正一品的"贵妃、淑妃、德妃、贤妃"的妾。按照她的身份地位,按照她的才貌,按照她得到的恩赐,这已经足够足够。

在那个时代,在那个宗法体系下,皇后,不是给皇帝本人娶的,是为天下人、为朝廷、为政权娶的,是门第、身份与政权需要的完美结合。正一品的妃子们,则会照顾到皇帝本人,但同时又要照顾到朝廷体面,虽然门第身份与政权的要求低一些,但是才貌可自然为她们加分。而对于一个没有多少门第,身份暧昧不明,政权也不需要的女人,即使才貌分加十足,即使皇帝本人再喜欢,最多最多,也就是个二等妾。这是规矩,这是规则,这是封建社会的秩序,是天理伦常在人们心理形成的,集体无意识。

昭仪,对于很多人来说,能安在这位前任才人身上,实在已经足够幸运足够皇恩浩荡。

如果,武则天还是才人,升到昭仪足以让她欣喜若狂并且知足,这是自己的出身秉性以及天赋所能达到的极限了。不是吗?她会很满足,很知足,而此后的人生,也不过保住这个位置而已。

但是,此时的武则天已非才人。她死过一次,她掉下过悬崖,她勾引了自己的庶子,什么伦理,什么宗法,什么秩序,早已放下。此时的她,早无所抛弃亦无所畏惧,再次归来的后宫也早已不是生活之所,而是战场,是角斗场。没有人能阻止靠在悬崖边上的狮子,nobody!

永徽三年七月,她生下李弘,晋升"昭仪"。

就在同时,皇后跟时任宰相的母舅柳奭商量,联合当时的辅政大员褚遂良、韩瑗,说服长孙无忌拥立李治长子、后宫所生的李忠为太子,皇后为其养母,此时,皇后的分宠大计大功告成。

武则天进宫受宠,让萧淑妃受到冷落,那么她的儿子就不可能立为太子,身为六宫之主,她不会允许任何一位独自坐大。趁着武昭仪生子对自己感恩戴德,淑妃受冷落之际,立养子为太子,昭仪不敢说什么,淑妃也说不了什么,自己的皇后之位,自然稳如泰山。

只是,这位分宠的武昭仪该怎么处理呢?

她既然也生了儿子,未必不能成为另外一个萧淑妃。虽然并不担心她能威胁后位(身份受限),但是还是小心辖制的好,最好她能继续服服帖帖跟着自己,那么后宫之内,翻云覆雨不过等闲间了。

但是,这个时候的武昭仪却没有如她所愿,她跟她翻脸了,居然。

那个时候,摆在武则天面前有三种选择:

(一)继续当皇后的心腹兼后宫打手,斗倒后宫任何宠妃(包括萧淑妃),让后宫众妃平分秋色,而皇后稳坐后位,从而巩固住自己的昭仪之位。

(二)联手其他宠妃(如萧淑妃),斗倒皇后,然后逐鹿中原,再图霸业。

(三)抓住皇帝,一次打倒她的所有敌人。

第一种最是稳妥;第二种需要的时间长些;第三种时间短见效快,只不过,最为凶险,因为一旦失败,就是死路一条。昭仪选择了最后一种。

她本来就没有退路,立太子之事已经明确表示,她不过是皇后利用的工具,而自己的儿子已经出生,取名为“弘”(那是当时流传一时的谶语,南北朝时期战乱频繁,人民流离失所,有谣言说道教太上老君会降临人世,拯救苍生,在人间的名字,就叫李弘)。继续做昭仪的结局,是忧患重重地防止皇后卸磨杀驴,是儿子被排挤被猜疑被放逐,是皇帝死后重复从前感业寺的老路。从前无数故老妃嫔的眼泪,她看得太多了,多得数不过来,多得让自己无从喘息,多得,让自己无处退让。

她只能选择最后一种。

小说《寂寞长庭春欲晚》里有这样一个情节：皇帝(康熙)十分宠爱宫女琳琅，但表面上却盛宠另外一个妃子掩人耳目。因为在后宫里，皇帝最宠爱哪个妃子，那个妃子就会成为最受攻击的目标。

韬光养晦，武则天早做过了，现在的她需要找出所有敌人一举歼灭。因此她一反从前小心翼翼的作风，突然跟皇后翻脸，生下皇子李弘以后独自坐大，在李忠立为太子之后反而迅速成为后宫风头最劲的宠妃，并且，盖过了淑妃与皇后。

她是故意的。

皇后真没想到这个心腹敢有胆子跟自己翻脸，接她进宫，提拔她做了昭仪，她怎么敢？想想鼻子都气歪了，而此时，因为武氏的受宠而被冷落一边的萧淑妃，自然对武则天也满怀愤恨。后宫之内，哪里有真正的朋友和敌人，两个曾经势不两立的女人，终于因为目标一致而握手言欢，准备一起对付这个小昭仪。

不得不说，那个时候，皇后并没把武则天放在眼里。她料定这个女人翻不起多少风浪，或者，在她的思维里，这个女人不过仗着皇帝宠爱，如果说要赢过她，简直是天方夜谭。因此，她对付这位小昭仪，大多也是出于忘恩负义的一种负气，而不是像对直接能威胁后位的淑妃一样，谋定后动，殚思竭虑。

她是轻敌的，当然，她有理由轻敌。

她是后宫之主，淑妃是一品大员，昭仪不过是正二品的妾，从"势"上，武则天并不占优势；她与淑妃都比李治年龄小，武则天比李治大4岁，才貌虽然在伯仲之间，但是女人最架不住的是年轻，武则天已经奔三，再过几年，还能迷住李治的心吗？从"貌"上，时间越长，会输得越多；从"子"上看，她虽然没孩子，但是萧淑妃却拥有一子二女，且已封王，武则天那个时候不过只有一个襁褓之间的婴儿；更重要的是，自己出身王氏大姓，母舅柳奭在朝廷里是官品一级的中书令兼吏部尚书，淑妃的亲戚在朝廷之内也有诸多外助，而武则天呢？老爸早死，哥哥们承接父荫，勉强混个小官——还在外地。从"助"上，武则天更一无所有……

小昭仪唯一拥有的，不过是李治的宠爱。但是男人的宠爱如果靠得住，猪都会上树了。后宫里的爱兴宠衰，她见得多了，她有理由，也有这个自信，轻敌。

只是，她没想到，世界上有这样一种人，他们的生命，就是一场关于勇气与决心的赌注。

武则天成功秘籍四：冒险赌注。

众口铄金是要害

如果你处于劣势，对手非常强大，而扭转局势的这个核心人物却只想维持现状，你该怎么做？

这个时候的昭仪，已经不是当年那个冲动得要杀狮子骢的才人，她知道什么时候该潜伏，什么时候该出击。李治对她的爱，是因为当初的隐秘旧情以及性格的投缘，还有她刻意的"奉己"，但是就是如此宠爱，李治也没有要把她推上后位的意思——他没疯，皇后应该由什么女人来做，他很清楚。

那么，在这个核心枢纽面前，昭仪知道最好不要暴露自己的野心。皇后与淑妃的攻击，大多数停留在说说坏话而已，因为皇后自己轻敌，淑妃看起来不太具备头脑，她们的攻击招数相对比较薄弱而八卦。

在这群没有经历过生死存亡的骄傲孔雀眼里，阿武，不过是只狐媚的野猫而已。

猫？李治眼里恐怕也会这么认为，但是却不是野猫。爱人的眼里，彼此总是异样的世界。我们看武则天，那是男权世界里位高至极的女皇；萧淑妃看武则天，那是临死前唾骂的"狐媚偏能惑主"；男人们看武则天，那是雄才大略心狠手辣的可怕……后人可能很难想象，作为皇帝的李治如此宠信如此迷恋，并且一步步看破伦理与秩序的底线，居然纳她入宫，居然冒天下之大不韪扶她做了皇后，居然把政权拱手奉送，居然让这个女人在自己眼皮底下杀妻(王皇后)杀妾(萧淑妃)杀子(李弘)杀臣(长孙无忌等)——很难想象。

史官学者们的解释是：李治被爱情冲昏了头脑。但是后来的容忍和默许显然已匪夷所思，让他们简直无话可说，恨不得穿越过去把这个窝囊家伙踹两脚，看看他是不是中了这个女人的妖术，居然懦弱昏庸到这种地步，真是丢尽了太宗丢尽了李氏王朝丢尽了男人的脸……

其实，这不能完全归咎于李治，武则天是有妖术，但是不是下毒迷魂，而是心理操纵术——"月晕效应"的心理强化。

当人们看到月亮的时候，光环就是夸张的迷惑，当一个人的"首初印象"确立后，人们就会自动把这个印象的对象与其言行"捏合"在一起。李治是真心爱过武则天的，患难的支撑、性情的相投，都让他眼里的昭仪，是柔媚动人的，是刚烈却"奉己"的。这个印象一直持续了很多年，而可怕的是，这个印象的强化除了他自己以外，还有周围的人。

他的身边，遍地是武则天的耳目。以至于很多年以后，当李治想要废黜这位武皇后的时候，诏书没写完就走漏了消息，可见这种庞大的后宫情报网完善到了怎样的地步。而如果你每天都生活在这样一个人群里，天天有人说武则天的好话，解释武则天行为的理由，赞美武则天的德行动机，你会怎样？

众口铄金，积毁销骨，舆论的力量是可怕的。

武则天的耳目遍布后宫，她能利用下人们传递消息，利用皇帝的身边人制造舆论，李治再聪明，也难免"狐媚偏能惑主"。这就是妖术。

从这个量级上看，皇后和淑妃哪里是她的对手，史书上说"后性简重，不曲事上下，而母柳见内人尚宫无浮礼，故昭仪伺后所薄，必款结之，得赐予，尽以分遣。由是后及妃所为必得，得辄以闻，然未有以中也"。皇后的母亲见了后宫的内官，没有把礼数尽全，于是便得罪人了。很多内官觉得皇后这家瞧不起她们，而得宠的武昭仪却对她们倾心接纳，因此人心都偏向了昭仪这边。皇后以及各位妃子发生的任何事情，都会迅速传达到昭仪的耳里。

这个时候的昭仪，估计对后妃的吃喝拉撒全都了如指掌了，只等猎物露出缝隙的时候，将其致命一击。

皇后和淑妃们呢，却只会在皇帝面前说说坏话，并且坏话的量级都不够，顶多是些"昭仪是个狐狸精，皇帝你要保重龙体"之类旁人听了要笑、皇帝听了不悦的话。跟本身默然无语，人们却交口称赞的武昭仪比起来，她们只会让李治心烦、心乱，不想见。

最后，李治的周围，所有关于昭仪的逸言都会迅速地被澄清，反而有关皇后与淑妃的错处经常有人提起。太监、宫女、嫔妃，太多了，大家似乎都不喜欢皇后与淑妃，皇后太傲慢，不识礼仪；淑妃太放肆，不识大体。如此也就罢了，亏得她们出身大户，身份尊贵，居然嫉妒到如此地步，让人不由得反感。李治不禁感叹：要是昭仪便如她们好命，恐怕比她们好上十倍。可惜……唉。

但是，也就到此为止。

李治本人不是个有勇气改变现状的人，再受爱情浪潮冲击也不会到要破坏礼制根本的地步。另外令武则天挠头的是，皇后是个简重的人，正常人的嫉妒心是有，聪明才智与权谋术也有，但是终究还是大户人家出身，事情基本都是按照明面上来做，何况太子已立，后位稳固，昭仪亦不足惧，因此也再不屑于偷偷摸摸，于是到现在也没什么重大把柄落手。

皇后能等,她不能等,既然没有缝隙,只好主动出击。

小公主。

不同眼泪是未来

这位小公主是武则天的长女,虽然没有在人间活太久,却占据了这位母亲最多的爱——12 年以后,权倾天下的母后追封她为"安定",谥"思",并以亲王之礼迁葬于崇敬寺;13 年以后,她的妹妹出生,寄托着连同她的双份母爱,成为"拥有天下的公主"。那么多年,无论母亲经历多少,杀了多少人,忘记了多少往事,终究,没有忘记她,小公主。小公主,仿佛心里的那棵稻草,拔不掉,长不齐,伴随那勃勃升起的权力欲与宫廷暴力,成为生命里挥之不去的猩红一抹。

她生于永辉四年,正是皇后集团与昭仪斗争白热化的时代。

那个时候的李治虽然心向昭仪,厌烦皇后,但也没有废后的打算,昭仪只能像蜘蛛一样潜伏在后宫的每一个角落里,挥动着舆论的大旗,静悄悄等待致命的出击。可是,没有,还是没有,昭仪从不打没有把握的仗,敌人,又无缝可袭,正在无可奈何之际,她降临了,宛如精灵,飘落尘世。

昭仪很爱她,她感觉得到。这是她第一个女儿,怎能不爱?

只是,那天似乎是个梦,很可怕的噩梦。高贵的皇后来看望她,昭仪恰好不在,皇后抚摸着她的脸,眼里尽是嫉妒和羡慕。皇后没有孩子,没有皇帝的爱,而昭仪已经生了一个又一个。皇后所剩下的,只有这个尊贵的名分了,作为女人,谁又能羡慕谁?

都是女人……皇后抚摸着她的小脸，脸上尽是沧桑，突然慢慢落下泪来。婴儿的心是最明净的，虽然皇后长得很年轻，很美，但透过那眼泪，她看到的，是皇后心里的皱纹……

这跟她的眼泪是不一样的。在被溺毙的那个时刻，虽然同样是眼泪，但母亲的泪，年轻、柔软，却充满生机——于是，在死亡来临的那个时刻，她确信，母亲会活很多年，会活很多很多年——于是，她微笑了……

其实，这一天的事情谁都说不清。

皇后是来过，昭仪不在，结果等昭仪回来，小公主已经没有了呼吸。昭仪向皇帝大哭，李治发狠："后杀吾女，往与妃相谗媢，今又尔邪！"早就对皇后的嫉妒不满，谁曾想这个女人这么狠毒，居然张狂到把自己的女儿都杀掉了，太过分了！

但是没有证据，你可以说是婴儿睡的床太软，也可以说被子盖得太紧，总之，皇后是来过，但是没有人证也没有物证。时间再巧合，推理再明显，昭仪哭得再可怜，李治还是不能动手。

因为在那个时代，主妇嫉妒杀死妾室的孩子，可能触犯《户律罪》休妻的条款，但不是谋杀罪，罪不至死，何况皇后贵为天下之主，废黜岂能无证？孩子是莫名其妙死了，就是皇后下的手，没有证据，也是说服不了长孙无忌他们的。

李治没有动，只是从那个时刻起，他的理性天平已经倾斜。

如果说，当初王皇后凭借身份地位、太宗临终前的"佳儿佳妇"的称谓、众人的认同、宗法秩序的安稳，在李治的理性上，还是认为皇后配当——他是皇帝，再爱别的女人，皇后不能乱动。但是现在不同了，身为皇后，嫉妒本来就不妥，天天诋毁昭仪也就罢了，如今居然疯狂到杀死妾室的儿女！

放在民间，亦是要休妻的。

某种念头放在心里,如果你不及时消灭,它就会悄悄酝酿,发芽,直至茁壮成长而爆发。

现在,只差最后一刀。

量级差别是根本

犯罪心理学一般会这么解释连环犯罪:

一般来说,连环杀手的形成需要一个过程。在一个人正式成为连环杀手之前,会有心理斗争,在社会伦理、法律与杀人所带来的快感之间徘徊不定。首先他会在脑海中"预演"杀人的过程并反复体味那种快感(类似于性幻想);实在忍不住就杀害一些小动物让欲望得到暂时的缓解(这类报道近几年中国也有很多),这就迈出了第二步;最后,他会选取一个人作为其"处女作"的目标,就这样一步一步变成真正的连环杀手。当杀人给其带来的快感主导了他的神经以后,他也就不可能主动停止杀戮了……

《犯罪心理学》

武则天再次入宫,分宠,生子,升级……虽然一直酝酿着隐秘的谋算,毕竟还没真正开始动手。因此我们看到此时的萧淑妃没犯大错,王皇后还能跟母舅商量立李忠为太子,这都证明她一直在长期谋算中,一直在等待时机,一直没有动手。

神枪手顺溜说:"我这颗子弹是一定要射出去的,因为,它已经等了太长时间，不射出去会很难受。"

我想那个时候的昭仪，就有那颗子弹。

她有决心，有毅力，有耐性，有谋算，但是就是没有开枪的机会。可谁又知道，第一枪的靶子居然是自己的亲生女儿？当溺死幼儿的那一刻，她就走上了权力的高速公路，再也不会有幻想，也不用多少眼泪与心理预备，她回不了头，也没法回头了。

一个人，想是一回事，做，又是另外一回事；前者是编剧，后者，是演员。

当斯佳丽回到塔拉庄园，射杀了一个企图偷窃的北方逃兵，并从他的背袋里找到了金币的时候，她感到自己什么都能做！杀死女儿的武昭仪，什么都可以做！

永徽五年二三月，昭仪之父追封官位；

永徽五年六月，皇后母舅罢相；

永徽五年十二月，皇子贤出生；

永徽六年六月，皇后被发现"挟媚道蛊上"；

永徽六年十月，皇后终于被废。

史官的意思里，"昭仪诡险，即诬后与母挟媚道蛊上"——皇后是被昭仪诬陷的。但是，我总想，小公主的死（永徽四年）已经让皇后完全失势，在厌胜媚道案爆发之前，还有将近一年的时间，为什么早不诬陷晚不诬陷，偏偏选择永徽五年七月呢？

皇后是被抓住了把柄。

因为大户人家出身，皇后跟母亲及下人们的关系并不是很好，据说对着内官宫仪"无浮礼"，或者说不够尊重。而后宫遍布昭仪耳目，在这种情况下，皇后只要出一点差错，就是找死，而她果然，还是忍不住"找死"了。

媚道。

这几乎是所有后妃倒台的流行借口,类似《红楼梦》里马道姑受赵姨娘之嘱实行的巫术:"把他两个的年庚八字写在这两个纸人身上,一并五个鬼都掖在他们各人的床上就完了,我只在家里作法,自有效验。"于是,大观园里最得宠的凤姐宝玉开始疯疯癫癫,不成人形。

元春说:"把我送到那个见不得人的地方。"后宫生涯里,没有希望,没有寄托,没有色彩,全世界只剩下了一个男人——皇帝。不管这个皇帝是老是丑是不堪是暴虐,你无法选择也没得选择,只能争取,为了家族也是为了自己,你必须殚思竭虑全力以赴拼争。谁不希望被临幸?谁不希望受宠?谁不希望得到尊贵和荣耀?但是皇帝只有一个。

三千佳丽,皇帝只有一个。

于是便产生了无数不可言的"媚道",正如历朝历代精通房中术的皇帝们一样,后妃们也有自己的取宠大法。赵飞燕歌妓出身,媚道够专业,床上功夫够厉害,只是级别还不及妹妹赵合德,汉成帝最后甚至到了只有握其脚才能恢复生理功能的地步……所谓的周礼秩序,三宫六院,本质上就是把皇帝尊为神与种马的结合。而不幸的是,在绝大多数情况下,皇帝不是种马而是人类,女人们,也是。

所以媚道,也只能媚道,女人取悦男人,最终的坦途总是通向床第——连出身高贵的皇后,也不得不向此低头。她万万想不到昭仪如此厉害,她开始重视起这位敌人,只是时机已过,此时的昭仪,已经权倾天下。那怎么办?于是"周围的人"开始给她出主意,生一个孩子。她究竟是皇后,是正妻,是原配,只要有了孩子,无论李治爱谁,皇后之位谁也抢不去,昭仪更不能。

可是,怎么生?能生早生了,皇后是名门淑女,家教里没有"房中术"这一科,不会"狐媚惑主",李治已经冷落她多时,怎么生?于是,"周围的人"再进言,皇帝本来是爱皇后的,只可惜皇后太"高傲",只要怎样怎样,皇上还不手到擒来?

皇后脸红了，也动心了，但是究竟是尊贵女儿，便找来母亲商量，母亲自然也希望女儿生子夺宠，于是……当皇后与母亲魏国夫人在宫殿里窃窃私语时，昭仪懒洋洋地躺在贵妃榻上，听到耳目的汇报，几乎要笑出来。她们不知道，对于如何笼络住一个男人的心，皇后跟昭仪比起来，是量级差别。

层层打击是兵法

社会智商测试：

在中国，你如何去做一件事？

如果回答：那就去做呗，那么你的社会智商为"不及格"。

如果回答：找人做，那么你的社会智商为"及格"。

如果回答：找人和自己一起做，那么你的社会智商为"良好"。

如果回答："布局"做，那么恭喜，你的社会智商为"优秀"。

小时候，总以为做任何事情只要直接追求，总会"天道酬勤"、"皇天不负有心人"的，可是等你长大了才知道，在现实世界，尤其中国社会，或者再缩小一点，在一个充满争斗和利益的地方，这么单纯率真的你，一定会首先壮烈牺牲的。想想《潜伏》里的余则成，是从来不亲自动手的，可是那个天津情报站里最有操纵力量的，也就是这个看似憨厚质朴的家伙。

台湾曾仕强教授说，中国人，想在中国做成事，需要懂得六个字——布局、造势、摆平，并且需分步骤分层次。我们且看一幕精彩案例——《后宫》里甄嬛是这样层层打击安氏的：

　　太后话锋一转："哀家有一句私话问皇上，安氏不是绝
色，宫中歌舞不下于她之人也不少，皇上怎的如此喜欢她，留
恋不已？"玄凌面孔一红，在座嫔妃都不免有些醋意，唯皇后
端然而坐，欠身道："大约是她性情温顺吧。"……

　　太后的声音柔和了几分，然而那凌厉的目光直欲噬人：
"皇帝，男女相悦，有时不必用情，可用香料！"欣妃惊诧且鄙
夷："暖情香。"……

　　太后看着玄凌，将他听到这个真相时流露的失望和震惊
尽收眼底，她柔和而悲悯地望着玄凌："你不必再自责，她小
产再不能生育，完全是她咎由自取。"……

　　我骤然变色，极力摇头道："怎会！她怎会杀了我的孩
子！我与安妹妹同日进宫，她孤立无援时我曾接她入府小
住，还有眉姐姐，我们三人如此和睦……"我掩面，泣不成声。
……我恸哭："皇上，咱们都错了，原以为是那香……谁知，谁
知……她好狠的心！"

　　……

　　我眉头一挑："我只记得当年安氏无意于皇宠，很是冷寂
了一些日子，后来还是我举荐。我记得那是在他父亲被人连
累之后。"

　　……

　　端贵妃转脸看着窗外疏淡天气："再不怀孕，她父亲可要
死在牢中了。"

　　玄凌俊朗的脸庞上满蕴雷电欲来的阴霾，吩咐李长："传
朕的旨意，去搜宫！"

　　这位叫做玄凌的皇帝开始对安氏还有余情，因此太后证明其用

香，他只是怜悯。然后又有人证明安氏为了夺宠，居然不小心让自己怀孕的孩子流产，他心理开始发生变化，觉得安氏确实所为不妥，但是究竟还是出于爱她之心，于是建议降为"贵嫔"。

但是这显然不是"我"（甄嬛）的目的，于是"我"跪下来，让别人证明安氏曾经杀掉过自己的儿子。此时的玄凌已经愤怒，因为安氏已经开始"侵夺"他的孩子，接着，翻出来无数血案，都证明是安氏所做，已经足够玄凌重惩其人。

但是"我"又造了最后一势——安氏根本不爱皇帝，所作所为只是为了自己的父亲，对他只有利用没有爱，这才是致命的。玄凌可以容忍她下媚药，容忍她侵害其他妃嫔，容忍她害人害子，但是不能容忍她对他的利用，没有爱的利用。

因此，势到如此，安氏必死，局势，摆平！

武则天入宫，扎稳脚跟的第一步是做了昭仪，与步步撤退并缺乏战斗思维的王皇后不同，自从翻脸开始，就已经开始布局。在后宫众多耳目烘托下，强大的舆论压力让李治开始对皇后和淑妃不满，并对众人交口称赞的昭仪心生好感。此时的皇后集团攻击的还只是昭仪本人，其实在皇帝心里，只是妻子嫉妒一个妾室的不悦而已，并无大过。

然后昭仪造势，小公主之死，倾斜了李治理性的天平。因为他眼里的皇后已经不再只是嫉妒妾室，而是开始侵犯他的孩子，因此他愤怒地说："后杀吾女，往与妃相谗媚，今又尔邪！"

皇后听到之后，感到地位不保，慌乱之中出"上策"被人"指点"到媚道上去，于是昭仪迅速抓住把柄——指使人在皇后宫里翻出了"惑主"的焚香或者药物。李治发觉大怒，这个时候的皇后，已经不再只是迫害妾室，迫害龙子，更是疯狂到要迫害其本人了，因此下诏不允许其母魏国夫人入宫，把其母舅贬斥为柳州刺史，皇后本人也只有等死等废的份儿。因为"厌胜",哪怕是媚道类的"厌胜",按照唐律规定,都是十恶不赦的大罪,并且,在心理上的步步埋伏,步步紧逼,已经让李治忍无可忍。他性子再软,也不可能允许一个嫉妾、杀女、毒夫的女人当皇后!

摆平!

政治含义是拉拢

皇后倒台了,但昭仪跟后位相差可不是"0.01"公分,而是很远,比武则天想象的,远很多。

本来,为了掩人耳目,胜利之后的武则天还没有立刻申请后位,而是想当"宸妃"——一品四妃之上的一个称号。在她的意想里,这是谦虚,是姿态,是一个配母仪天下的女人的后宫之德。谁曾想,老臣们不答应。

武则天是先帝才人,能做昭仪已经是莫大恩典,而做一品妃子是需要良好的家世背景的。她来路不明又是小姓人家,堂堂皇室之尊,居然要居于四妃之上,脸面何在?说良心话,长孙无忌们当时的考虑,也是对的,这不仅仅是干涉皇帝内政的霸道,而是在当时宗法制条件下,按照女人正常的配置系统,武才人能升级到昭仪这个位置上,已经可以知足了。

永徽六年七八月,两省宰相韩瑷,来济上书劝谏"妃嫔有数,今立别号,不可"。

李治只好作罢。

武则天大吃一惊。

　　她一向一帆风顺，一直目标明确，一贯运筹帷幄……外朝不同意？恍惚里，是冲刺时候突然撞了墙，一种疼痛把沉浸在胜利中的昭仪惊醒了。

　　原来很多东西，皇帝说了也不算——昭仪突然觉悟，并迅速掉头，把战场从后宫转移到了前朝。

　　这就是武则天的好处。

　　她虽然多才，但不是文人，不会顾忌那么多伦理道德；也不是高贵女儿，没有那么多条条框框，父亲遗传在她身上的，是相信实践出真知的生活真理。而悬崖处境的生存理性又逼迫她迸发出所有的天性——现实告诉她什么，她就必须迅速学习什么，并利用其达到自己的目的。

　　尘世里的芸芸众生，想方设法挤出头的并非没有，但是生存智慧毕竟还需要一些才学做底子，只是，有才学的拘于条框，或者即使丧尽天良也带着些分裂的变态；没才学的，聪明不够或者境界不到，像李云龙这样的少数不识字的战争天才，也只能在人类非正常时期的乱世才能鼎身而立……因此，找一个富有才学而能在实践里游刃有余的人，很难；找一个看破人生所有条框只为生存而战的理性人，更难；而找一个两者兼之的女性，难上加难。

　　武则天却能迅速转身，从现实的教训里，领悟了政治的含义——皇帝说了不算。

　　皇帝并不能像我们日常理解里的为所欲为，胡作非为，一个庞大的帝国体制之所以能运转三千年不变，绝对不是因为权力的绝对，而是因为权力的均衡。帝王的权威，是上天赋予的，因此"上天"的规则，他必须遵守（宗法制）；帝王的宝座，是人民承载的，因此他的行为，必须有所监督（通过御史）；帝王的国家，是大臣们帮助治理的，因此他的权力，必须分割……几千年来，君权都在跟臣权、将权以及百姓权妥协着、争斗着、博弈着，达成一轮又一轮均衡，千锤百炼，千秋万代。

李治当时的均衡，是建立在顾命大臣"辅佐"君王的基础上的，今晚睡在哪里，李治可以自己决定，但是，代表朝廷脸面之一的堂堂皇后是谁，他却未必做得了主。

皇帝说了不算，这是昭仪领悟到的政治第一层，因此她开始想的办法，是拉拢。

永徽六年八月的某天，宸妃被驳回，皇帝李治跟昭仪一起临幸了舅舅长孙无忌在崇仁坊的府邸。酒酣欢好之时，李治先是大封其子——无忌宠姬三子皆为朝散大夫，又赐了很多金银珠宝，然后开始说来意："皇后无子，你看……""喝酒，喝酒，"长孙无忌装聋作哑，不接话茬。李治有点不高兴，继续喝酒，看歌舞，高兴，然后再提"皇后……""喝酒，喝酒……"长孙无忌再次转移话题。李治再傻也明白了，只能跟昭仪一起不欢而别。

然后，李治做了一幅画，把昭仪放在皇后前面，长孙无忌马上指出来，说这个不对，妃嫔有别，怎么能把正妻放在小妾身后呢？那么，找人。武则天的母亲杨氏几次三番跑到长孙无忌的府邸，恳求长孙无忌放行，长孙无忌就是不答应。

无奈了。

按照常理来说，无奈了。

这个时候，很多人会选择放弃，也就满足于以宠妃之名后宫称霸，被皇帝赋予协理后宫大权，等着完全失宠的皇后死或者废，等着儿子长大，等着长孙无忌这群老不死的老死——一般的妇人。

可是，她是武则天，历史上只有一个武则天，天下只有一个武则天！对于这样的女人，失败，只是她迈向更大胜利的台阶。

无奈？开玩笑。

朝廷权臣是软肋

毛主席曾经教导我们说："一切反动派都是纸老虎。"

事实也证明伟人果然只说真理，朝廷，并非铁板一块。

李义府。

此人在中书省做舍人，是历史上著名的奸臣形象，据说外表恭顺，内心奸诈，笑里藏刀，坏人一个。因为被长孙无忌讨厌，所以准备外放壁州做刺史。赦旨还没下就被他提前知道了，正在一筹莫展之际，有人跟他出主意："现在昭仪受恩宠，皇帝想立她做皇后，结果宰相不同意，如果你能率先支持，一定能转祸为福。"

于是他就这么做了，果然龙颜大悦，不久之后不降反升，成了中书侍郎。后人都说这是小人投机，可当时长孙无忌权倾朝野，这个人却敢顶风作案，舍出身家性命坚决支持后宫一个小小妃嫔，还未必认识，疯了？

没疯。

这个人当然是为了仕途前程，但是也是敢扭转局势的第一人。

他支持的，是皇帝本人，因为他知道，在这个看似后位之争的背后，是作为皇帝的李治的一次暗暗反击。

很长时间以来，李治这个皇帝当得十分委屈。虽然皇位是舅舅长孙无忌拼命架上去的，虽然当时也是在顾命之际给舅舅叩了头的，但是也正是因为如此，舅舅以辅佐权臣自居，天下朝政几乎尽归长孙氏，以至于弄得本来要做贤君的他，突然有一天问朝臣："你说怎么没人来反映民间情况了？"

你说为什么？一手遮天，这就是原因。

给一个人至高无上的位置，却剥夺他行使职位的权力，如果这个皇帝是个"有境界"的人，觉得天涯何处无乐子，跑去干木工或者沉溺女色，那么他可能甘心做这个傀儡。可惜，李治受过李世民的严格教育，性格再软弱也没达到"傀儡"的境界，终究，他是会有行动的。

但他不是武则天，不是目标明确、一心向前的斗士，而是"逼"才"不得已"的张无忌。这样一个人，除非到了绝境，除非到了不得已，他才会去行动，而舅舅长孙无忌，也确实差点把他逼到了绝境——房遗爱案。

房遗爱是李治妹妹高阳公主的夫婿，高阳公主状告大伯房遗直无礼，本来，这是一桩家庭纠纷，结果被长孙无忌扩大，变成了政治案，甚至成了谋反大案。房遗爱在长孙无忌的暗示下，几乎咬出了他的所有政敌——李治的妹夫柴令武、六叔李元景、三哥李恪全受到了牵连。当李治哭着恳求舅舅赦免他这些亲人时，却遭到长孙无忌的断然拒绝，于是这些皇亲国戚全部因莫须有罪行同赴黄泉。临刑时，皇兄李恪发出了谶言般诅咒："长孙无忌窃弄威权，构害良善，宗社有灵，当族灭不久！"

长孙无忌忘记了。

很多年前，妹妹长孙皇后就曾向他发出了警告。很多年前，这位天纵英才的女人就神奇地洞察到了长孙族的未来，她让丈夫李世民把哥哥踢出权力核心，以保长孙族的长治久安，结果足够幸运或者不幸的是，妹妹的寿命太短，哥哥的又太长。妹妹死了，他很快又被李世民召回权力核心层，然后宰相，然后顾命大臣，然后，权倾天下……

那个时候，他在宴会上对着满朝权贵，得意洋洋地说："无忌不才，幸遇休明之运，因缘宠私，致位上公，人臣之贵，可谓极矣！"然后顾视群臣："你们看我的富贵，跟隋朝杨素比怎么样？"

大家自然奉承，于是他自夸"无忌之贵也少！"

在权力的道路上，他已经刹不住，而更可怕的是，我们从后面的政治斗争中，看到这位舅舅其实缺乏掌控庞大权力的政治素质。宛如《倚天屠龙记》里那些内功不足却强练乾坤大挪移的教主们，太高估自己，太自恋，又张扬，离死也就不远了。

分而化之是王道

房遗爱案让李治失去很多亲人，舅舅的专横成了他心上的一块伤疤，只是，他开始也没准备做什么——这个人估计是巨蟹座的，非常重视安全感并且喜欢安于现状，心中总是摆动着两种不同的想法，左冲右突，让他犹豫不决。

舅舅虽然让他不满，但毕竟有恩情有亲情，如果不是立后的事情，李治可能也就这么忍受并承受下了。甚至开始准备立后的时候，他也没决定反抗舅舅，因为他习惯了，秩序、安全与现状，都是他想紧紧抓住并永远拥有的东西。只是，这个时候，李义府们给了一线生机，而昭仪，给了他冲破的勇气。

昭仪的战斗嗅觉真不是盖的，李义府的出现让她的政治觉悟迅速升级。面对具有缝隙的敌人，分化，是最好的办法。

长孙无忌不是权倾朝野嘛，那就大封反对者的官。这个世界上，舍生取义的不好找，但是趋利之徒有的是，何况聪明人都看出了皇帝对宰相集团的不满，于是，接二连三跳出了很多人——卫尉卿许敬宗、御史大夫崔义玄、中书舍人王德俭、大理正侯袁公瑜……

于是朝廷出现了三足鼎立局面，一边是反对立新的老臣，一边是支持立新的新臣,中间是保持沉默的看臣。失控了,真的失控了,李治自己也没想到,那些埋伏在心里的种种,那些由舅舅的恩情、君权的受限、伦理的秩序、昭仪的爱情交杂起来的纠结……突然有一天,化成了实实在在的朝廷斗争,他是皇帝,必须作出选择。

这个时候,有个人站了出来,推了他一把,让历史再次加速。

李勣。

他本来是太宗手下一员得力干将,手握重权却不贪功倚势,是太宗极为器重的人物。但是正因为器重,太宗怕自己死了他不服造反,便运用了一招"帝王术"——临死之前,把他贬黜出京,以察看其忠心。如果立刻出发,那么新皇即位就把他调回来当宰相;如果徘徊观望,那么立刻杀之以绝后患。

李勣接到诏书,连家都没回,直接赴任了。后来被上台的李治调回,进入宰相集团,作为李治的辅政大臣之一,却不是长孙党的一分子,而属于独立的"从龙派"。立后之争,李勣一直不肯发言,后来李治单独问他意见,他就说了那句改变历史的致命的话:"此陛下家事,何必更问外人!"

这句话决定了武则天的命运,也几乎决定了大唐王朝的走向,甚至让整个历史都不小心闪了个腰。某种程度上,后代史官也因此对他颇有微词,虽然他功勋卓著,虽然他明哲保身,虽然他谨小慎微,但是他为什么要在那个时刻说那句话呢? 如果没有他,昭仪就永远成不了武则天,所谓大周革命,也只是笑谈罢了——可是,这是为什么呢?

有人说,此时的李勣对长孙无忌专权极为反感,又感恩李治情义,所以站在了李治这边……其实立后的事情,李治内心也是犹豫不定的,并不是后人所认为的是被昭仪迷昏了头脑。这么一个神志正常的皇帝就这么一竿子冲着庶母立后去了? 未必。

那李勣为什么这么说,难道是为了报复太宗的猜忌,故意让李家后来被武则天折腾得家破人亡？

当然不是，未来的事谁能预测得到呢？谁曾想一个女人能做皇帝？李勣又不能穿越。

是因为看破。

纵观此人一生，不论是从前的太子之争，还是现在的立后之争，从来对皇家的内部事务，他是一贯袖手的。他只做他分内的事情，他只尽自己臣子的本分，至于皇帝立谁做太子，立谁做皇后，那是人家李氏的家事。他效忠的是唐王朝，不是哪个人，这是个看透了政治本质的人。

而这样一种"点拨"，给了李治莫大的勇气。这就是他的家事，不是吗？他有资格把自己心爱的女人扶正，不是吗？何况，李勣的背后，是军方立场，只要手握兵权的大将们不管，他的江山就是铁打的，几个文臣再嚷嚷也不顶用。

李治下定了决心。

反对舅舅专权与昭仪立后，开始并轨。

狮子对狼是大捷

永徽六年十月十二日，王皇后与萧淑妃被废为庶人。

六天之后，百官上表请立中宫，李治颁《立武昭仪为皇后诏》："武氏门著勋庸，地华缨黻，往以才行，选入后庭，誉重椒闱，德光兰掖。朕昔在储贰，特荷先慈，常得侍从，弗离朝夕。宫壸之内，恒自饬躬；嫔嫱之间，未尝迕目。圣情鉴悉，每垂赏叹，遂以武氏赐朕，事同政君，可立为皇后。"——向天下撒谎：武氏本来就是先帝以宫人身份赐给他的。

十一月一日,31岁的武昭仪正式立后,于肃义门接受百官朝见(唐朝首例)。

如此大赦天下,如此石破惊天,如此跋扈张扬,而武氏不过小姓新贵,在朝廷里连个像样的外戚后援都没有。这个女人,身份暧昧,宰相们依然喋喋不休着"昭仪经事先帝……"

只是,这个女人早已不在乎。

她的身上,重叠着的,是无数不可能的奇迹:作为先帝才人还能再次进宫?暧昧的身份居然名正言顺地册封昭仪?小姓出身居然能打倒根深蒂固的皇后?无依无靠居然说服外朝而立后?

这些让普通女人想想都觉得可怕的事情,这个女人做出来了,并且做到了。

你见过陷入狼群的狮子吗?从二进宫开始,就是一场狮子与狼群的战争,用媚术征服那个软弱的丈夫,用厚黑迷惑那个骄傲的皇后,赢来的名正言顺,是为了下一步的布局。而那个时候,在她的面前,依然是强大的传统,强大的宗法制度,强大的门第高低,强大的外戚内援,她却以自己杰出而巧妙的谋术,以背水一战的勇气与决心,层层打击,让皇帝心理崩溃,让皇后无话可说,让所有人落入她设计已久的蜘蛛网里。后宫一战,她赢得心痛,同时,赢得漂亮,赢得精彩。

料想不到,外朝风波云涌,那是自己的皇帝丈夫都左右不了的政治斗争,她一个妇道人家,一个从未涉政的妇道人家,却也赢了。

金枝欲孽,如妃能懂,如妃能赢,但是政治权谋,那是男人们的事情,那是男人们的战争,那是男人们的领域,如妃一定是不懂的。但是武则天依然做到了,因为,她是武则天——武则天,就是武则天。

她不懂政治,但初生牛犊不怕死。

先是跟丈夫一起对这位舅舅老兄进行贿赂,失败,拉拢,失败,甚至有了缝隙,李义府跳出来了,依然失败。就在丈夫开宰相会议时,老臣们叩头流血都不肯让她做皇后，褚遂良甚至直接说出"昭仪经事先帝……武氏非天下令族"——皇帝你即使立别人，也不能立这种人。会议不欢而散之后，侍中韩瑗又跑去哭谏："皇帝啊，皇后是你做藩王的时候所娶，是先帝给配的，并无大过，凭什么废了呢?"

这样的执著，这样的围堵，这样的不屑，都是因为她不配，她是庶母，她是小姓，她违反了伦理大忌，违反了祖宗家法，违反了宗法秩序。老臣们是文臣，儒家那套秩序意识是他们生死为之维护的东西——即使不是如此神圣地维护理想原则，也是为了维护顾命集团的权威。长孙无忌反对，皇帝外甥就该听话，这次不听话，下次还了得?

这堵墙，远比她料想得厚，也比她料想得硬。后宫斗，她是赢家，政治斗，她是新手，本来，是没有胜算的。

但武将的旁观立场，李治内心的反抗因子，无意中帮了这个女人的忙。

李治从前一直听舅舅的话，但是并不代表他不会反抗，只不过一直没有由头没有借口，而这次的立后，却是一个很好的试探。虽然他也犹豫过、后退过，但是李勣的那句话激发了李治的壮志，那早早伏下的、暗暗发芽的不满，如雨后春笋般借由一个女人沸腾起来。这是他的家事，这是一个宫闱事件，自然可以名正言顺理直气壮地不受管束。他说服了自己，也就成就了昭仪。

昭仪终于，成了皇后。

老臣们呢? 在他们眼里，李治估计是疯了，他再也不是拉着舅舅的衣襟哭泣的乖顺孩子，居然为了来路不明的女人，违背他们到这种地步? 史官们说是美色丧国，女人们以为是为爱痴狂，其实现实世界里，哪来那么多纯情主义?

李治想夺权、李勣们袖手、李义府们想升官、长孙无忌们想维持，在四角不平里，让这个女人钻了缝隙，这，才是事实的真相。

冰冷的世界,没有爱情童话。皇权斗争里,更没有。这个女人的每一步,都伴随着血腥的祭奠与智慧的博弈,都必须全力以赴,因为前方从来就没有过可能。始终,始终,她是背水一战地杀出重围;始终,始终,她是孤立无援地孤军奋战。退后,就是死亡。

狮子对狼群第一战,大捷!

皇后 安全回归阳光下

叛逆回归无间道

　　电视剧《中国式离婚》的表面,是一个女人对一个男人的破坏性战争,正是因为中年女人林小枫一次次的无理取闹,一次次的无端猜疑,一次次基于心理和生理失衡造成的极端不自信而对夫妻关系的破坏,终于让那段看起来应该美满的婚姻,归于解体。我们总以为,总以为小枫疯了,丈夫无奈,悲剧必然。

　　其实,在那些疯狂猜疑的背后,是一个女人灵魂绝望的求助。如此的不安,如此的恐惧,如此的不确信,都是因为怕失去。安全感是互给的,在心理失衡的天平上,那个看起来根本无错又无奈的丈夫宋建平,在嘲笑、在漠视、在袖手。

　　男人们,在抱怨女人们的无理取闹时,是否该反思一下自己建立的安全感又有多少?

　　夫妻之间,是相互博弈而相互塑造的。小枫之所以如此疯狂,是宋建平冷暴力的逼迫;而武则天之所以成为武则天,也是因为作为权力核心、决定她命运的丈夫李治,性格不确定。

　　从很久以前,父亲的庇护,舅舅的指导,妻子的正配,宗法的秩序,就是这位柔顺皇子的"常规",而现在,他仿佛成为高速公路上刹不住闸的车,已经完全失控。

　　本来不是一个反抗传统的人,却违反伦理跟庶母发生感情,冒天下之大不韪封成了昭仪。这也就罢了,后宫内务的出轨的结局居然牵连到了外朝——昭仪最后成了皇后?恐怕李治自己也对目前的结局感到莫名其妙,但是,这已经成了事实,他也只能在"出规"的路上越行越远……

这位违背常规而自小又受传统教育的皇帝，因为失去了固有的安全屏障和精神皈依，走上了精神流浪的无间道。伴随着想回又回不去的焦虑，回去又不舍得的诱惑，无可奈何的顺从，永远被抛在了路上。此时，也只能靠别人的推动，才能证明自己一切行为的合理性，而理性又告诉他，有些事情太疯狂。他于是害怕，于是逃避，于是推卸责任，把承担做决定的后果都推给他人，推给时局，推给"此时此刻"，以此来逃避脱轨的内疚与恐慌，而那些充满着相反而又矛盾的念头，也总是因时而定，因环境而定，因心情而定——就看哪个念头在哪个时刻在李治心里占了上风。而可怕的是，这些念头大多数是相反的，往往看着平平静静，波澜不惊，陡然间，便是万丈波涛，天翻地覆……而他，是天子，万权之上的天子。

于是，昨天还可以拉着你的衣襟可怜兮兮地叫"舅舅"，改天便会翻脸到让你满门流放，自尽而死！昨天还能相敬如宾地叫你声皇后，改天就将你废为庶人，打入冷宫！昨天还能恩爱缠绵地依靠你，叫你"才人姐姐"，改天就全然不认，漠然听凭你去感业寺老死终生！

恐怕也正是因为感到了这种不确定性，武则天无论多受宠，总觉得是在悬崖边，总觉得什么都靠不住，于是，只能不停地去战斗，不停地去抢夺丈夫内心的位置，不停地去推动李治向前走，不停地去推动李治心里，那无数矛盾念头里，对自己有利的那一个。

只是，人毕竟是人，当武昭仪变成武皇后，当她站在肃义门前，接受百官朝拜时，那种名分的确定，那种扑面而来的安全感，那种拼搏得来的胜利感，让她有些得意了。六年前，她还不死不活在感业寺里寂寞孤灯，如今，如今，是母仪天下的皇后啊，她有些激动。

她想，该喘口气了。

谁知，突然之间，又是万顷波涛。

册封之后的某日,李治跑到囚禁王皇后与萧淑妃的别院,看到囚室封闭极密,暗无天日,只有一个运送食物的孔,不禁恻然,问:"皇后,淑妃,你们在吗?"

黑暗之中,突然一丝光照射进来,遥辨其音,原来是朝思暮想的皇帝……淑妃还有些怨恨李治识人不明的傲气,但是皇后却马上哭求:"我们都是罪人,我哪里配得上皇后的称呼?皇帝你如果思念昔日恩情,就让我们能再见天日,行动自由,并把这个院落改为回心院,就是我们的万幸了!"

从此可以看出,皇后确实是有些心机较量的,她从前失败是战斗觉悟不足,轻敌藐视,一旦她重视起来,很多事情就做得十分聪明。

她迅速抓住了李治的称谓变化("皇后"、"淑妃")——在某种程度上,这位皇帝认为皇后还应该是她,淑妃也应该是淑妃,而不是庶人。这是李治常规里的念头之一,哪怕是此时此刻的念头,都有变为真实的可能!

她迅速摸透了李治的感情变化——这位皇帝是很心软的,并且有继续对她们心软的可能。

于是,她回答得攻守皆备,有条有理(是个厉害人物啊)。

皇帝,我们已经不是皇后、淑妃了——李治不是心里还觉得她们是皇后、淑妃吗?那就自退一步,说自己早已不是,进一步激起李治的恻隐之心。

您如果念旧情,就改善我们的生活环境——李治不是可怜她们的处境吗?马上恢复尊贵不太可能,目前只能提出最可能实现的一个条件:改善环境,有行动自由,那就为她们再次复起做好了准备。

这个院子就叫做"回心院"吧!——这才是最厉害的,也是表露皇后野心的一招。皇后、淑妃恢复了自由以后,居住在这个"回心院"中,不就是让李治回心转意回归正轨吗?李治如果真的这么做了,宫里人怎么想？外朝大臣怎么想？

她真的很了解自己的前夫。

这个男人，在感业寺回来之后伤春悲秋迎风流泪，被她推了一把，那个小才人就进了宫，此后，天翻地覆；也就是这个男人，从前虽然不受宠但还相敬如宾，被才人推了一把，然后，万丈悬崖万劫不复……他永远，需要别人推一把，把他的某个暂时冲动变成现实；他永远，善良多情，温柔懦弱，流泪糊涂；他永远，活在"现在"，活在"此时"，出轨以后的人生，无论是别人的，还是自己的，他都闭目不理——就这么一个男人。

既然当初轻敌被昭仪抓住了先机，那么此时，就是她的时刻，她要抢夺丈夫心里的首发位置，驱动丈夫回到"常规"，然后东山再起——那个时候，武皇后对王昭仪，咱们再来！

皇后，确实很聪慧。大家出身，过于轻敌，觉悟不到，是她栽在武昭仪手里的主要原因，如今也是死过一次的，重新再进战场——老虎对狮子，鹿死谁手也很难说。

李治答应而去，武则天迅速得到了密报，她浑身发抖。

当年布置下的后宫蜘蛛网果然又救了自己一命，王皇后那些话李治听不出来，武则天心里一清二楚。她是死过一次的人，而且女人更了解女人，那层层设套的回话，简直就是再次战争的号角，而自己这位精神上漂泊不定无所依恃的老公，正一步步踏入王皇后设计的圈套。一如当年自己的灵敏秀动，再次归来的王皇后，绝对不在她之下！

她浑身发抖。

是她，把规规矩矩的李治拖出了常规，这个男人又随时有回归的可能，原来，这里从来都不是她安居的地方，而只是她的战场，无论拥有了多少，还是在悬崖边，不是吗？

她，突然镇定了。

情敌知己总有缘

很多文献和史书上记载了这段令人惊怵的后续：武则天大怒，令人把这两位废人各打了一百下，并截去了手足投于酿瓮之中，声言要让此二妪骨醉！据说两个人历经了数日才死，然后武则天又让人斩其尸！——这事赶现在儿，可以当变态杀人案处理。

很多人认为这是真的，男人们要趁此证明武则天惨无人道，女人们也想趁此证明武则天的嫉妒成狂……史官们尚嫌不足地继续意淫，说杀了两个人的武则天，因为经常看到皇后、淑妃的鬼魂浑身血污地站在她面前，因此不喜欢首都长安，经常唆使老公驾临东都洛阳云云……

从医学上证明，这事也应该是捏造的。王皇后和萧淑妃虽然是放在杀菌消毒的酒里，但毕竟是液体，伤口流的血很快就会成为西红柿鸡蛋汤。再者，古代杖刑是隋唐五刑之一，很多时候是要"去衣受杖"（脱裤子）的，这种侮辱性的刑罚加之妃嫔头上的少之又少，毕竟是皇帝的女人，一般也就三尺白绫一杯毒酒完事了。

对于敌人，一招致命，以免后患，这是武则天目前最好的办法。像那种打屁股截手足的凌虐剧，是大权在握时用来赏玩的。她现在不是毫无后患的吕后，刚做皇后，太子未立，地位不稳，居然冒天下之大不韪去公开侮辱皇帝亲近过的女人？即使李治心里过得去，后宫外朝的那些老家伙也不会答应的。

她敢吗？

不是不想，而是不值得冒这个险，如果再次激起这位摇摆性老公的怜悯，引起他多愁善感的追忆和内疚，激起他回归正轨的雄风，那将是非常可怕的莽撞。于此之时，只能当机立断，再推一把，让皇帝下诏处死情敌，防止她们复起才是正事。

李治下诏了吗？

下了，因为下诏的时候，武则天在身边，这位活在"此刻"的皇帝又转了念头，王皇后那些不配的德行以及自己一直以来反抗外朝的决心，再次占据了李治内心的上风，他估计也害怕自己再次心软，既然如此，不如一直如此。

失去常规的庇护，就只能挣扎于欲望与传统之间，漂泊在那无常的"此时此刻"里，让生命随时随地，在千百回转中，惊乍回眸……遇到这样的老公，皇后和淑妃，死定了。

别院。

当皇后接到赐死诏书时，她知道，李治又改变了主意，似乎这应该是意料之中的事情，只是她没想到这样快，快得来不及准备，来不及回击。昭仪，真的很强！

女人之间，哪怕对手之间，也会惺惺相惜？也许只有此时此刻的王皇后才真的明白，这个她根本就看不起的小昭仪，之所以能翻云覆雨荣登后位，凭的不是运气不是狐媚，而是运筹帷幄，精心筹划。后宫之中，无出其右，从一开始，她就没有胜算。

原来如此。

她微笑，盈盈下拜："愿大家（宫中称皇帝为大家）万岁，昭仪承恩，死自吾分！"

事到如此，心服口服。

虽然级别不差（谋略算计），虽然优势在握（身份地位），但是事到如此，死的甘心，死的情愿，死的平静淡然。

相比来说，淑妃便没有那么平静，她泼辣的性格跟武则天有得一拼,只是,她的手段也就在当年武才人的一半之上。她不明白当初李治那么宠爱自己,却被这个狐狸精抢走了,然后对这个狐狸精唯命是从,现在居然要把皇后和自己都杀了?

这个狐狸精一定有妖术!像人类对所有的神秘无从解释一样,淑妃把这种奇迹归根到了某种非人间事件。那么自然的,她在临死前也要以牙还牙:"阿武狐媚,翻覆至此,愿我来生为猫,阿武为鼠,吾扼其喉以报今日,于愿足矣!"

那刻毒的来生诅咒,也许是这个不知所以而挣扎在绝望里的女人,最后的安慰吧。

情敌们,来生,再叙缘!

温水才能煮青蛙

消灭后宫情敌,其实也只是武则天的初级谋算,发抖以后的武皇后突然意识到,无间道,同样属于自己。你永远不知道这位皇帝什么时候会反手,所以,只能不断地去加固——安全感,既然你给不了,我自己给自己,行不?

永徽六年十一月一日,礼部尚书许敬宗上奏,以"立嫡"之名,请求改立武则天的长子李弘为太子。而在此之前,长子李忠早已请求改立——王皇后都倒台了,他怎么敢再当这个火烧火燎的太子?

永徽七年正月,李弘被立太子,大赦天下,改元"显庆"。显庆二月,武则天父亲被追封"周国公"。

立子封父,这是第二步。

第三步是最艰难也是最险恶的一步:打掉长孙集团。

是，我不否认，武则天在私仇上从来都不是一个宽容大度的人，但是她对付长孙无忌，其实也不仅仅是因为秋后算账的记仇，更多的，是因为对于眼前这位皇帝老公的恐惧。长孙无忌可是他舅舅，从小看着他长大，既是他的老师也是他登上皇位的恩人。李治对舅舅虽然不满，自己立后也多亏这层不满的缝隙，但是，架不住长孙天天看着他，言语迷惑以情动之，说不定哪天就想回到"正轨"，突然翻盘。一想到这里，这个皇后之位是怎么也坐不踏实的。

于是，局势再次回到了从前，充满战斗觉悟的狮子 VS 狼群。只不过，这次的狼群不再是王皇后、淑妃们的孔雀集团，而是一群老马，跟着太宗打下江山、发动政变、共创贞观的老马。看起来，武皇后胜算不多，但是不要忘了，他们跟王皇后有着同样的致命弱点，他们是一群傲慢的贵族。这就好说，武则天远望天边，大殿之外，晴空万里，连天上的云彩，都在为她鼓动加油，她笑了。

贵族，什么意思？没有生存危机感。

你见过非洲的奥兰治河的羚羊吗？两岸一水之隔，但是东岸的羚羊繁殖能力是西岸的五倍，且奔跑能力平均每分钟要快 13 米！什么原因？因为东岸的羚羊旁边有狼窝。优胜劣汰，适者生存，这就是动物进化的法则。

而贵族，就是那群生活在西岸的人类，他们天生就门第高贵，资源不需要自己努力就轻易得来，人家长孙无忌还得意洋洋地宣扬："我从小就富贵了呢！"这就是贵族，一群懒洋洋晒太阳，而永远不担心生存的西岸羚羊。

而武则天，则是角斗场里出来的狮子，生存与死亡，不是哈姆雷特式的偶然发神经考虑一下的问题，而是时时刻刻、每分每秒搅扰这个女人的心头大患，她绝对不能放过任何威胁者，任何一个！

但是长孙无忌毕竟是大敌，为相多年，树大根深，如果马上撺弄老公干掉自己舅舅，恐怕李治做不出来也做不到，到时候引起朝廷轩然大波，自己也栽了进去，很不划算。那怎么办？

青蛙放在开水里，它会马上跳出来，而把它放冷水里，再把冷水慢慢烧开，青蛙就会因为察觉得晚，而来不及反应，会被烫死在里边。

青蛙，需要慢慢煮。

加温第一次：李义府事件。

这个人虽然政治觉悟高，但是确实品行不佳，在做中书侍郎的时候，居然看上了一个坐牢的美女，于是就想把她从大理寺放出来，纳为妾室。但是这事泄露了，被人上奏给了朝廷，于是他干脆杀人灭口，把帮他枉法放人的大理寺丞逼死了。宰相能逼死六品朝臣，这本身就是一件骇人听闻的事情，但是作为宰相首席的长孙无忌们，却不理不问，任由武则天支持的李义府横行不法。李治更是纵容到糊涂的地步，不仅不降罪，居然半年之后又将其升职为正宰相——中书令。

李义府干犯朝纪，长孙无忌，无反应。

加温第二次：再贬褚遂良。

本来就因为立后事件而被贬潭州的褚遂良，在显庆三月，又被贬到了更远的贵州，几天以后，李义府升为中书令。

核心人物再贬，长孙无忌，无反应。

加温第三次：瓦解长孙集团。

许敬宗、李义府又诬奏韩瑗与褚遂良"潜谋不轨"，来济与褚遂良"朋党构扇"，于是长孙集团的两个核心人物遭到了贬斥，韩瑗被贬为振州刺史，来济被贬为台州刺史。至此，长孙无忌集团彻底瓦解。这件事情是李治与武则天离开京都，在东都洛阳发出的诏令，宰相班子替换了两个，震动不可谓不大，而奇怪的是，长孙无忌，依然无反应。

集团瓦解，无反应。

加温第四次：开水烫青蛙。

显庆四年四月，有个叫做李奉节的人，告太子洗马季方与监察御史李巢交通权贵。李治让许敬宗来审案，结果这位宰相有样学样，按照当年长孙无忌审理房遗爱的法子，把小案子审成大案，把大案审成谋反案，牵连出一大批当朝权贵，其中最主要的，当然就是他们的命中目标——老青蛙长孙无忌。

此时的长孙无忌孤立无援，毫无反手之力，子弟皆除名流放被杀，外甥也坐罪而死，其余党派，再次或遭贬或被杀，长孙、柳、韩三家，直系皆死，近亲则流岭南为奴，长孙无忌本人削官流放，七月，被武则天派去的人逼杀。

至此，青蛙们都被烫死，长孙集团连根拔起，朝廷再也没有跟武皇后直接作对的人。这场战争，以武则天的大获全胜而告终。

而在这个过程里，令学者和史官们迷惑不解的是长孙无忌的态度，无论是干犯朝纪，还是剪除羽翼，长孙无忌都默然不理，做啥去了呢？——埋头修史。他领衔完成了本朝《国史》80卷、《五代史志》30卷、《显庆新礼》130卷，似乎，退隐江湖，退出了朝廷斗争。

他灰心了吗？他厌倦了吗？

也许……但是我们可以从他修的《显庆新礼》里看出些端倪。在这部书的前部，还是长孙无忌权倾天下的时候，因此，皇帝被置于一个董事长的地位，大家都尊重他，但是他也要受到限制，必须听从大臣们的意见，这样的君主，才是贤君、明君。而最后这三年的《新礼》，却把天子置于至高无上的地位，更加强调臣子的忠诚，其谄媚之意，不言自表。

最后的结论是，这位舅舅其实从来就没有了解过自己的外甥。

从前，只是一个乖顺的孩子，自己指东，他不会往西，所以当年自己死命保了他做皇帝，一则是喜欢，二则也有私心权臣的意思。可是，立后一事，突然惊吓到了长孙无忌，他发现李治长大了，也不再听话，他那执著的所作所为,正在明明确确告诉自己:我是皇帝,你是臣子,如果不老实,就是死路。

于是长孙无忌突然又老实了下来,他觉得这样的顺臣形象更能取得李治的欢心,并且自己退出朝廷斗争,也许能得个善始善终的结果——自己是他舅舅,他还能怎样?

他怎样了呢?

当许敬宗第一次告诉他,舅舅长孙无忌谋反的时候,他惊讶地说:"岂有此邪?"然后哭:"我家不幸,亲戚间屡有异志,往年高阳公主与房遗爱谋反,今阿舅复然,是朕惭见天下之人!"说着,哭。

当许敬宗第二次上奏谋反证据确凿,请他治罪的时候,他又哭:"阿舅果若如此,朕决不忍处分与罪,否则天下、后世道朕不能和睦亲戚,使至于此!"但是架不住许敬宗又劝,他竟然不亲自审理此案,直接下诏把长孙无忌流放了。

接着,七月,当再次审理此案的时候,长孙无忌被逼杀,党羽皆流放屠尽,李治连问也不问,还是默许这么做了。

为什么?

难道武皇后所操纵的这一切,都是李治心里一直想做的,因此那些哭泣,都是表演?

其实,这个男人的心里,恐怕一直摇摆在长孙掌权的依靠性与自己夺权的诱惑性之间,他一直拿不定主意是哪个好,而此时武则天推,长孙无忌退,正好一增一降,就把他逼到了这样一步——不得不除掉自己的舅舅,而大权,终于归于帝位。他虽然难过,虽然也掉泪,但其实事后想想,也不错,毕竟权力夺回来,武则天虽然心狠,但是毕竟还是帮了他一把。不是吗?

长孙无忌对这位外甥一直抱有幻想,再加上突然文人脾气发作,退隐江湖,啥也不干了,眼睁睁看着党羽遭殃,自己却学鸵鸟埋首修史。本想皇帝再过分也不会动已经乖了的舅舅，结果被武则天温水煮青蛙，全军覆没。

整个战役证明：长孙根本不具备权倾天下的素质，跟皇后一样，没有战斗到底的觉悟，没有非生即死的决心，却傲慢地依恃门第姻亲能救自己。殊不知，一个杀红了眼的狮子与一群傲慢的老马，从开始，就胜负已分。

温水，煮青蛙。

安全回归阳光下

就在这个女人巧妙地烫死这只会威胁自己的青蛙的同时，她下令重修《氏族志》，把武家列为第一等的姓氏。同年十月，她跟丈夫李治二次临幸东都洛阳，并衣锦还乡于家乡并州。

并州是唐朝兴兵的革命根据地，李治到这个地方，怀念一下开国功臣革命故老，志气盈盈之际，却别有心意——君权至上的滋味，直到这几个月他才略微尝到，没有了那些老头子的指指点点，没有了动辄牵制的劝谏，通畅的权力之路仿佛就是昭仪能立为皇后的合理证明。他做对了，不是吗？

他很感激，他想给予这个女人想要的一切。

只是，现在这个女人，想要什么呢？

她把儿子们都封在重要的领地（长子是皇太子，次子李贤是3岁就封潞王，封地雍州，三子李显襁褓之际已封周王，封地洛洲）；父亲追封司徒周国公，母亲杨氏封为代国夫人……临幸并州之际，她大宴亲属邻里故旧，大封当地官员，授郡内80岁以上诸妇女皆为郡君……

这个女人想要什么？

当初作为才人进宫，天下皆知，家乡的人，恐怕最清楚，而根据当时的记载，并没有武则天此时对兄弟家人的报复的记录。和和气气，欢聚一堂，从前受过的欺负，受过的藐视，似乎忘记了，她，当今皇后，母仪天下，从前是什么，似乎忘记了……这个女人，想要什么？

想当年，当尼姑武氏戴着帽子被王皇后秘密接进宫的时候，很多人也是认识的。她在宫里呆了11年，掌管宴寝，为人所知，如今出宫不过一年，虽说新皇登基，后宫置换，但很多"旧"人一定来不及换。也就在去年，还哭兮兮"何日君再来"，怎么突然"今日君又来"了？当戴帽武氏乍然出现在众多"旧人"面前时，你想她们会怎样？

并且很快，这位当年的五品才人被封为正二品的昭仪了？升级的速度比成仙升天都快！旧人们惊讶得嘴都对不了位了。而当这位二品武昭仪又出现在旧人们面前时，你想她们又会怎样？

武则天早就看透了。

世人的心，功利的脸，昨日的不屑，今日的谄媚，人，永远是只承认"眼前"的贱类。何谓道德？何谓伦理？恐怕也只有在自己被踏在脚底下的时候，才会翻出来算旧账。而如今，贵为天下之母，高昂的头颅，大肆的富贵，补偿的，不仅是一颗从底层爬上来的苍凉，更是世心可欺的清透。现实是，这个世界没有永远的情谊，只有永远的利益。有时候，无耻，也是种境界。

只是，她并没有停住脚步。现在，她大权在握，位位巩固；现在，丈夫对她信任至极。此时，内无情敌，外无对手，那许久以来伴随着的不安、恐惧、战斗觉悟，都随着环境的安逸淡薄了下来。于是，武则天从黑暗走到了阳光底下。

没有人天生要出轨，没有人天生要狠毒，更没有人天生要杀戮，有时候，残忍只是另外一种脆弱，而伤害，是为了要保护。

安全的时候，她仰头，看万里晴空，看缥缈荣耀，想着此后人生，怎么走？

655年，登上皇后之初，她就实行国家的皇后重典——先蚕之礼，为农耕社会天下妇女劝蚕之榜样。而此前，这种礼仪只有长孙皇后行过两次，王皇后从来没有做过，武皇后一生却一共做了五次。

660年，当李治与武则天从并州回到东都的时候，侍候废太子李忠的一个妇人阿刘，远从房州来告状，很多人都以为这必是武则天安排的另外一步棋，因为那个时候长孙无忌集团刚刚倒台，从斩草要除根考虑，自然需要打倒前太子。只是那个时候，武则天的表现让人惊讶："情在哀矜，兴言垂泪。再三陈情，特希全宥。"她再三求情之下，本该处以极刑的李忠才保全性命……

660年，本要启程回京都的李治突然风眩，所有表奏只能让她参决。而一个妇人在朝廷大事上出的主意、做的决定以及说出的意见，却极有见地，不仅让李治甚为佩服，在病得不能视物的时候，让她代劳读奏，批阅……

661年，因为益、绵等州的官员奏称出现龙兆，李治想借此亲征高丽——太宗未能征得高丽而亡，作为儿子，有责任也有义务去完成父亲的遗愿，去打败大唐江山最后一个潜伏的劲敌。只是，皇帝亲征毕竟太冒险，李治也不是身经百战的太宗，大臣们谁都不肯，只是都不敢劝，于是武皇后站了出来，抗表上谏，李治终于答应了。

同年，上表请禁止女人做俳优，皇帝下诏从之。

很多人，从后面的女皇事件里看她的此时此刻：那衣锦还乡大封宾客，是洋洋作态；那封子荣母，参加蚕礼是张扬权威；那哭劝李忠，是刻意表演；那禁止俳优，是为女皇做准备；那参决政事，是"停不下追逐权力的脚步"——展示在我们面前的，似乎是一个活力充沛，大肆炫耀、惺惺作态、权欲旺盛的野心女人……其实呢？

她也是个人，正常人，普通人，虽然被生存逼成狮子，但是当狮子已经吃饱，生命不会受到威胁了，并且皇后之位已经不可动摇的时候，她还想什么？掌握军政大权？那么掌握军政大权以后又想怎样？当皇帝？没疯吧？

其实她想要的，是回归。

黑暗，早已成为过去，那嗜血的拼杀，终于成为历史，下面的路，长孙皇后，那最完美的皇后、最完美的妻子、最完美的母亲和最完美的女人，就是她仰头所看到的灿烂星空。

冷静下来，她突然想，历史上会怎样评价自己呢？

乱伦？小姓？阴狠？No，她要证明给丈夫看，自己是最称职的妻子，她也要证明给所有人看，自己是最贤德的皇后，同时，她要证明给历史看，自己是个好女人。

这就是阳光下的武则天。当她一次次劝谏皇帝，当她一次次帮皇帝参决政事，当她一次次表示自己的宽容大度的时候，心里一定是微笑的。想象里，那份舒雅贤德，那份长袖善舞，那份雍容华贵，曾经，是自己多少年梦寐以求的——现在，终于可以跟她们比肩。殊不知，那份活泼可爱、大方美丽、笑语盈盈的贤良淑德，正是没有受过哥哥虐待、没有遭受太宗冷遇、没有进过可怕寺庙、没有经历后宫血腥的武家二小姐的，拈花微笑。

如果，如果……

可惜，历史不能如果下去，她的丈夫，毁了这一切。

变生不测起波澜

有怎样的男人，就会有怎样的女人。

突然有一天，后宫太监来密报，皇上——也就是她的丈夫，正在跟宰相上官仪商量着要废后，她眼前一黑。就在这之前，他们还商量着要去泰山举行封禅大典，怎么一转眼他就要废后？

她抑制住自己发抖的身体，迅速跑到了李治休息的大殿，正看见这两个男人窃窃私语。

"皇上为什么要废黜臣妾？"她大喊，泪水，一滴滴掉了下来。

不是装的，这次真的不是装的，是真的伤了心的。

她为他做了一切，这，就是结局？

李治"羞缩不已"，马上把责任推到了上官仪身上："是上官仪教我！"她怒目上官仪，上官仪伏地不敢直视——这个人出在她家（后舅杨恭仁）门下，太宗闻其才名把他召入宫做文学侍臣，因为文采斐然，屡次升迁，直到李治掌权成为宰相。

一个恩爱至亲，一个门下故旧，他们居然商量着要废黜她，她冷笑，甚至想狂笑。

为什么要废后？

史官们的答案是，宦官王伏胜告发了她，说她召请道士郭行真进入内宫做厌胜之事。学者们说，是这个柔弱的男人厌倦了这个专横而强势的女人，因为从前有求于他的时候，她很"奉己"，后来她地位巩固了，她就放肆起来，因此上官仪揣摩上意，奏称"皇后专恣，失海内之望云云"，于是，正中李治心意……

可是,李治为什么"羞缩"呢?他难道忘记了发现王皇后"厌胜"时候的勃然大怒,忘记了"夫为妇纲,君为臣纲"的理直气壮?即使是怕老婆怕到一定境界,在这些"正大光明"的理由面前,可以后退,没必要"羞缩"吧?

因为见不得人。

废后的理由,恐怕只有武则天和李治自己清楚。当然,后宫之内也许还有另外一个人知道:武则天的外甥女——魏国夫人。

这个女人,据说"国色",可怕的是,还年轻。

爱情博弈无穷动

有人问:这个世界有真正的爱情吗?

有。

那,世界上为什么有那么多的"审美疲劳"?那么多情义背负?那么多见异思迁?那么多,原配与小三的战争?

因为他们达不到"最高的"……

什么是"最高的"?

最高的,是阿朱:"跟着你杀人放火,打家劫舍,也永不后悔。跟着你吃尽千般苦楚,万种熬煎,也是欢欢喜喜。"是萧峰:"阿朱就是阿朱,四海列国,千秋万载,就只一个阿朱。"是张爱玲:"于千万人之中遇见你所要遇见的人,没有早一步也没有晚一步。"……

太玄乎了吧……

人,可以有很多种,但是心灵,却只有一个;人,可以衰老死亡,但是心灵,却可以穿越时光而永恒……如果你们的爱达到这样的境界,就不会存在激情消退之后的审美疲劳，也不会存在见异思迁的情义背负。人性的种种脆弱与缺失，都会在心灵相伴而共同成长的生命旅程里，消弭殆尽。

那么，怎么才会拥有这份爱？

天时、地利、人和的"历劫"……

历劫？

合适的时间碰到合适的人，经历考验，直至最高界。

那如果达不到最高界就不是爱情了吗？

是，但是会落入凡间，变成现实里的"爱情博弈无穷动"。

爱情博弈无穷动？

按照美国心理学家约翰博士（《男人来自火星，女人来自金星》作者）的理解，爱情的真相，就是雌雄同体的生命圆满——这个人补充了自己缺乏的那一半气质，而让自己变得完整、充实、愉悦……因此，那个茫茫人海、芸芸众生的致命补充，唤起你生命惊喜，站在合适的时间合适的地方，相遇，相爱，相守……爱情诞生。

但是现实版的王子与公主，总是以悲剧收场，所谓审美疲劳，所谓见异思迁，所谓佳偶变怨侣，相爱容易，相守太难。

因为在经历了"互相补充"以后，会有一个抗拒期——约翰博士说。

就如当一个强悍型的男人，在幼年就被教育"男儿有泪不轻弹"，当内心那些柔软的雌性气质被当做"没有男子气"隐藏了、压抑了、潜伏了的时候，他遇到了一个柔软的女人，于是，那部分被压抑的雌性气质被唤醒了，他恋爱了，圆满的快乐，让他变得柔软，变得雌雄同体。

可是，不要忘记，长久以来那部分气质就是他一直排斥的，压抑的，当他冷静下来，发现自己身上居然出现了柔软的雌性气质时，他会怎样？

人就是人,长久以来的抗拒习惯控制了他,他变得开始恐慌甚至愤怒,而这些,都是这个女人引起的,他开始怨恨地看着她,而她,也许也正怨恨地看着自己。于是,争吵爆发了,佳偶变成怨侣——相爱容易,相守,为什么这么难?

现实总是让人无奈,也许,你们会疲倦地平静到老,在那历经不衰的婚姻枷锁里,感叹"审美疲劳"的苍凉。也许,你们断然分开,让彼此在生命的另外旅途中,再次遇到那新鲜可爱的相遇激情,一次次,一轮轮,一回回……

博弈无穷动,爱情的结局,似乎不是坟墓就是漂泊,再夹杂着现世里的种种缠绕——博弈,无穷动……

只有少数人,或者只有少数机缘巧合的幸运恋人,在外力强迫与生命更新里,度过了这段抗拒期,走向了尊重对方又保持自我的和谐界(最高界)。

阿朱与萧峰,是两个人患难与共,共同面对复仇,他们内心即使要抗拒和怨恨,也要等搞完大恶人再说。或者说,外在的生存压力让他们根本没有资格和闲暇去怨恨就直接升级到最高界去了(即使有,也会自动修补和更新)。而金庸的残忍在于,为了让那个男人变成希腊的悲剧英雄,终于牺牲了这段近乎完美的爱,从此以后,小桥流水,万里江山,英雄再是盖世,旁人再是深情,那个笑语盈盈的阿朱,终究永远不在。塞上牛羊,原来是这样缥缈而残忍的童话罢了。

幸好,我们都是凡人,命运不需小说家来悲壮折腾,只是,或许也正是凡人,那没有外力的人性,总是会在悠然平静中恣肆膨胀。

武则天与李治。

这样一个柔软而多情的男人,当年从武昭仪身上寻回失落已久的雄性气概,并且这位昭仪还并不过分的压迫与强制,总能够让自己得到雄性的补充以及女人的柔媚吸引。于是,他深深迷恋,深深沉醉,经过这个女人，他从一个男孩，长成了一个男人，一个让舅舅、让老臣们惊讶的男人。

他成熟了，他强硬了，正是这种生命的圆满，让他终于挣脱出常规、挣脱出种种正统的纠结与恩情亲情的束缚，最后倒向了昭仪。经过血雨腥风的夺权，经过这个女人的鼓励与帮助，君权收回，他可以高昂着头颅，像英姿勃发的父亲那样，骄傲地站在天子宝座，那百官叩服，似乎就是一个男孩长成的最好证明。

这个世界上，没有无缘无故的爱。

因为武昭仪，他的生命，得到了圆满。

但是，当他的身上真正出现了太宗式的雄性气质时，他突然变得恐慌，因为这种雄性气质是他一直以来排斥的，因为他是第九子，如果不柔弱就会被哥哥们忌讳甚至迫害。他害怕自己变得强壮，从很久很久以来，柔弱，就是他抵抗这个世界的保护层。

可是他突然从保护层里钻了出来，他害怕了，回头看，大权在握，朝政平稳，这个女人正积极而阳光灿烂地做"好皇后"、"好女人"。安全感增强了的她，不再是武昭仪时候的柔媚而热情，却是这样疏远和冷淡，就连闺房里的嬉戏，让人心动的妩媚，都成了王皇后式的死板。回头看，突然厌倦。

他想要另外一种女人，一种跟这个强悍独立而缺失了柔媚的女人不同的女人。

不要忘记，他是皇帝。

而武则天似乎忘记了，征服了这个柔弱的男人之后，在被唤起的雌性柔情里，她其实更加恐慌。她一直生活在不安全的世界，只有强悍才能适者生存，而如今，政敌被打倒，后位被巩固，而她，变得柔软了，其实，更加恐慌。

因为恐慌，她也想离这个男人远一些，免得变得更加柔软，只是，也正因为恐慌,她变得更加贤德,更加"长孙皇后"——阳光底下,那温暖的气息,那正统的安全感,让她平静,让她安然,让她得以暂时的喘息。

两个人,远远打量着对方,曾经的激情四射,曾经的亲密无间和那为之奋斗为之追求为之梦想的爱,在真正走到结局时,在成了夫妻时,在做了皇帝皇后时,已然消失。

魏国夫人钻缝隙

现代的男人不像李治那么幸运,现代婚姻制度让他们寻找备用胎的成本比北京的房价都高,弄不好身败名裂,很是不划算。李治就不用,虽然老婆是个厉害女人,但是作为天子,后宫,有的是备用。

魏国夫人。

武则天的外甥女,有比武则天更加美丽的倾国之姿,还有青春的朝华年纪,另外,这位少女身上洋溢着武则天没有的温柔可爱。

他跟那个女人差不多十年了,习惯了她的争强好胜、活泼可爱、柔媚可人,但是那种来自心中的柔软,跟他一样的柔软,没有,或者很少。而在这个彼此抗拒的历劫时期,这种历久以来的柔软,却显得如此可贵如此重要。

李治爱上了这位少女。于是,又一场不伦之恋,又一场地下恋情,又一场后宫之战,开始。

起初,武则天像当年王皇后一样,轻敌了。

她打倒了王皇后一帮,烫死了青蛙长孙无忌集团,于内协理政事,于外威望大胜,高高在上坚不可摧,一个小姑娘,算什么?李治再爱,也不过喜欢一时,再说,此时的武则天未必想李治粘着自己。正在"抗拒期"的双方,需要彼此寻找新的刺激和灵感,而当时环境下,李治当然可以名正言顺理直气壮另寻新欢,武则天则没有这个福分——你让她现在找男宠?因此只能转移,把精力投入到"轰轰烈烈的贤德皇后事业"里去。

有个女人陪着这个男人,未尝不是好事,武则天心里,是这么想的。

她轻敌了。

但是,这位少女可绝非只是邀宠。她的母亲韩国夫人莫名其妙而亡,宫里宫外都有些琐屑的传闻,听起来,真的很心痛。皇室里的宫闱秘事,说起来总是这样痛苦、挣扎、变态,并且血腥——姨母用母亲邀宠,成功之后又杀人灭口,而这个姨母,是许许久久以来她的梦。

姨母,是她的梦。

从很早以前,家里人就盛赞着她的传奇、她的勇敢和她的尊贵,作为才人进宫11年,二进宫之后马上升为二品昭仪,此后,单枪匹马拿下了门第高贵的王皇后,为她们武家,为她们备受藐视的孤女寡母,赢得了鼎盛的荣华富贵……对于这位姨母,这位少女一直保持着一种奇怪的崇拜与嫉妒。或许连她自己也不相信,虽然一直恨她,其实,也一直在爱她。因为,对于这位自小国色的骄傲少女来说,赢得了姨母,就是赢得了全世界的证明,有时候,甚至跟母亲无关。

这个时候,她看见了姨夫的眼睛,那隐藏的暗恋与倾慕。她已长大,倾城并倾国,她盈盈而笑,一如母亲般温柔贤淑,她纯真羞涩,青春的气息扑面而来,吹得苦于风疾的李治,一阵头晕。

刻意的取媚,有心的攻占,与厌倦时候的新鲜惊喜,爱情,就是合适的时间遇到合适的人。

于是,致命的缝隙出现了。

我们谁都不知道此刻的李治究竟爱谁,就像他对武则天的态度。这位强悍的皇后并没有吃醋生气,却也没有贤惠得主动提出升级外甥女的名分,而是,默然不语。

李治感到了一种愤怒。

这是一种无形的压力,说不出口却时时萦绕心头,因为武则天什么也没说,什么也没做,仿佛若无其事。而他知道,她肯定早就知道了,可她为什么装作不知道呢? 从前那个强势的女人哪里去了? 难道,你得到了后位就不在乎我了吗?

恐怕只有上帝才能说得清李治此时的感情,而我们能看到的,只是他的不满,疯狂蔓延。

在积压的顶峰时,突然宦官王伏胜过来密报:皇后招道士郭行敬入宫,行"厌胜"之术。他终于爆发了,虽然理智告诉他,这是不可能的,那位郭行敬本来就是宫里的常客,这次入宫见后不过是惯例,但是,他需要爆发,他需要理由,不管这个理由是真是假,有,就足够了。

此时,温柔可人的魏国夫人正依偎在李治身边,心照不宣地看了王伏胜一眼,用极其哀怜的语气柔声道:"皇上,姨母也是很可怜的,你现在整天在我这里,她心里不舒服,所以想用些邪魅外道的法术挽回皇上的心,皇上你就饶了姨母吧!"

说着,盈盈跪拜。

这些话没有让李治信服,却激起了李治的勇气,在这位小鸟依人的小情人面前,他向来充满了男子气概和雄性气质,而魏国夫人的这些话,让他突然找到了废后的理由——对啊,当年王皇后不就这么被废的吗?

厌胜,哼,让你厌胜,他要废后。

趁此时,他还有勇气。

皇帝夫妇大合唱

如果穿越一下，这出戏实际是这么演的：

李治怒气冲冲地跑到蓬莱宫（原太极宫），找来宰相上官仪（由此证明在宰相集团里，上官仪不是武则天的人），商量废后之事。上官仪正在发愁自己不受武皇后待见，且作为文学士子，早就看那个指手画脚的女人不顺眼，一听李治居然想废后，拼命附和："皇后专恣，失海内之望……"

此时，武则天出现了，浑身发抖，泪流满面。

她没想到，他也没想到，曾经恩爱曾经共同战斗的两个人，昨天还皇后皇帝和和气气的两个人，出现在这里，出现在这场无言的尴尬里。

就在李治看到那个女人的眼泪的那一刹那，勇气突然被龙卷风刮走了。所谓的审美疲劳，所谓的冷战与厌倦，却在此时此刻惊天动地的分裂里，消弭无踪，毕竟，一起做了很多事情，一起经历了很多困难，一起走到了今天的安定与荣耀。

而也许，这么多日子以来，他要的，也只是这个女人的眼泪罢了。

于是他羞缩退后，指着上官仪说："是他教我这么做的！"

武则天心照不宣地怒视，上官仪伏地叩头，称罪不已。

斥退……

武则天拉着李治哭拜，说："知道皇上不是有意废我，都是些小人挑唆，这些日子以来……"

当晚，皇帝皇后又住在了一起……

几天后，上官仪被捕下狱，家族被抄，子孙伏诛，只有一个襁褓之间的孙儿获罪入宫为奴。

谁也不知道究竟发生了什么,上官仪不知道,魏国夫人不知道,连李治和武则天本人,都未必明白。

总之夫妻和好了。

天下作证我真身

谁不想做一个好人?

武则天毕竟是个女人,所有女人,都爱做梦,正如所有的女人,都天生更趋于理想。当成为皇后的武则天感到安全的时候,长孙皇后的梦开始,模范、姿势、母仪天下……她想告诉自己也想告诉别人:我想做一个好人。

好人?无论是后宫,还是朝廷,无论是现实,还是李治,都不允许。

长孙皇后,只是梦。

废后事件终于一棍子把她打醒,眼前这个男人,是皇帝,眼前这个世界,是权力角斗场,那个贤良淑德的完美皇后梦,显得那样荒诞可笑。人在江湖,岂能身自由己?

武则天明白了,于是,武版长孙消失,抗拒期结束,武昭仪归位。那个醒来的时刻,是血淋淋而冰冷的现实。

那个时代,皇后的职位并非固若金汤,王皇后是太宗钦点,外有母舅撑腰,内有身份作保,还是凭借李治本人喜好废黜了;连一起参与策划消灭太平公主集团的政变,伴随玄宗即位的皇后王氏也因失宠遭到废黜;协助肃宗平叛的张皇后,因策划自己儿子为太子,在宫廷斗争中谋败身死……整个有唐一代二百多年,严格意义有皇后的时代不超过四分之一——当时已贵为皇后的自己，不是连处死情敌都要假借皇帝下诏吗？

在那个由内官(后妃)与宫官组成的后宫里，皇后并没有什么实际权力，天翻地覆，不过是那个男人转念瞬间，如果不想掉入悬崖，只能反守为攻。如果说上官仪之前，这位武皇后还在长孙影子里做辅佐皇帝的"良佐"，那么此事之后，一切都会改变。

她开始大肆张扬自己的威望。

泰山封禅。

天子待天下太平而泰山封禅，这是秦始皇早先做过的，作为功业与盛世的明证，也为历代雄心帝王所仿效。太宗时期就几次想做此事，但是太宗本人比较谦虚，觉得自己的德行还不配，因此讨论几次都没有成行。如今李治统治时期，大唐王朝正一步步进入鼎盛，人口增加，物价便宜，文治武功，声名远播，天时地利人和，封禅之事遂成。

本来，像这种国家祭祀大典向来是由男人们单独完成的——皇帝实行初献礼，公卿来实行亚献与终献礼，武则天却以家礼的名义要求参与："妾早乘定省，……伏望展礼之日，总率六宫内外命妇，以亲奉奠冀申如在之敬，式展虔拜之仪。……增辉于日月。"

那个祭祀大典是国家最盛大的仪式，观礼的不仅有宗亲诸王、中央官员、地方百姓，甚至还有外国使节。皇帝从洛阳出发，"突厥、于阗、波斯、天竺国、四厂剌宾、乌苌、昆仑、倭国及新罗、百济、高丽等诸蕃酋长，各率其属扈从，穹庐毡帐及牛羊驼马填候道路。"如此浩荡盛大，要由女人来完成亚献和终献？

可是李治答应了，不论是出于内疚还是补偿，不论是出于佩服还是顺从，他答应了。

于是，在丝竹飘扬的声乐里，皇后缓缓而出，宫人歌舞，帷帐以锦绣为之，周围是窃窃私笑的群臣。武则天站在那里，平静地看着袅袅升起的祭香，耳边传来混合着丝竹的优雅，周围则是异样的目光，以及那些男人们似笑非笑的脸。

她也想笑，其实。

那些臣子怎么想，天下怎么想，皇帝怎么想，她心里一清二楚，只不过，她不在乎，因为她太了解了，当她不再发昏做长孙，而是用生存理性和现世思维看待世事时，总是能洞察秋毫——嘲笑没关系，只要她能站在这里，天地之间，泰山之上，就是她胜利的明证！

言行一致心理。

美国的玩具商们常常面临着这样一种困境：玩具销量在圣诞节高峰之后，会进入可怕的淡季，因为已经给孩子们买足玩具的家长，再也不愿在这方面花一分钱。这种季节性的变化让玩具商们大费脑筋。后来，他们想出了一个妙招：在圣诞节前大肆广告某种玩具，比如小汽车或者芭比娃娃，但是当答应孩子的家长们去商店买时，却发现无一例外的断货了，家长们只好去买别的等值玩具。圣诞节之后，再去商店把答应好的买回来——汽车或者芭比娃娃，因为，他们答应了孩子。而玩具商们顺便得利，挽救了季节性的销售波动，赚得金钵满盆……

这就是言行一致心理——一旦公开承诺，无论什么原因，我们都会内在地强迫自己去兑现。

泰山封禅之后，武皇后的声望大大提高，武皇后的地位大大上升，而这，正是武则天想要的结果。她不再甘心也不敢屈做一个皇后，而是要堂堂正正母仪天下——

在李治的恩宠承诺里，上锁；

在所有人的目光里，定格。

皇帝必须言行一致，天下人作证。

变回狮子除新敌

我相信，这个世界上大多数男人是讨厌逛街的。男人买东西，目的性很明确，想买什么直接到那里买走算完，他们永远不明白街有什么好逛的，所以陪女人逛街，对大多数男人来说是件悲惨欲绝的苦差。

其实，这是男女思维的差异造成的，女人的思维是发散式的，所以她们永远喜欢左顾右盼，而男人的思维是聚焦式的，他们目的明确、专心致志、心无旁骛。或者也就因此，这个世界上大部分成功的人，是男人。因为，成功者的必须要素之一，是目标明确。

中国的华为公司创业之初就定下："发展民族工业，不与外国合资；紧跟世界先进技术，立足于自己科研开发，占领中国市场，开拓海外市场，与国外同行抗衡。"而正是这样一个目标，华为一直坚持对科研方面的倾斜性投入，据说每年要投入8000多万甚至上亿元研究经费。但是也正是因为这个目标，使得华为公司一直受资金不足的困扰……但他们坚持下来了，当初跟他们同等水平的公司早就被淘汰的时候，他们却因为技术的先进，占领了市场制高点。

前惠普总裁、全球第一女CEO费奥莉娜为了赢得技术优势，出任以后的第一目标就是战略重组，让公司关系从一种组合转换到另一种组合。因此她命令各个部门负责人说出惠普继续保持各部分业务的理由，增设了许多必要的新制度，把报酬与销售业绩挂钩，大幅消减成本开支……几年以后，终于实现了重组改革计划。

目标明确，才会让女人像男人一样获得成功。

武则天那个时候既然变回武昭仪，战斗的觉悟要让她必须找到自己的下一个目标对手,而魏国夫人,显然是一个不小的刺激——母族原来并不可信。

她曾经信任过这位少女,甚至容忍过这位少女,结果这个女人居然忽悠丈夫废黜自己! 收拾完上官仪,她掉转头,看向自己母族的亲戚们,嗜血的冲动、报复的火焰以及战斗的昂扬让她开始出招。

封禅大典回来,她的堂兄弟始州刺史武惟良和淄州刺史武怀运依例向帝后献食,武则天秘密在食物里投毒,让魏国夫人吃了。魏国夫人毒发身亡,接着,武则天归罪于武氏兄弟,尽杀之,且改名为"蝮"。另外,流放了哥哥们;曾经虐待过她们母女的嫂子,则被鞭打肉烂至死……

魏国夫人的哥哥贺兰敏之,本来是她看重的人物,她曾经将父亲周国公的爵位交给这位外甥来继承,一则是看重母家,对本家武氏家族颇有成见,二则也是因为贺兰"年少色美",聪明伶俐。但是妹妹死后,贺兰的态度引起了武则天的嫉恨,因为他面对着李治的怀疑:"今早朕上朝时犹无恙,退朝已不能救,何仓猝如此?"居然"号哭不对"。

不过他也真的没法"对"。怎么死的大家都知道,皇帝皇后这两口子大约是演员出身,做戏都是专业级的,你让他怎么对?

他只能默然无语。

此后的人生,更像是对姨母的挑衅:挪用公款,逼淫太子妃,调戏太平公主的侍女,以及丧期公开狎妓;更雷的是,在武则天公布其罪的时候,"烝于外祖母荣国夫人"。

说实话,这条罪行应该是武则天的气愤之词。她本来跟母亲杨氏交情甚好,只不过自从姐姐韩国夫人失踪,外甥女魏国夫人被毒死,杨氏估计就没那么好脸色了,虽然二女儿争气,但是毕竟其他两个也是她的孩子,对敌可以手辣,没必要对自己亲人如此凶狠吧? 因此,真相很可能是,贺兰得罪了武则天,武则天想伺机除掉,杨氏尽力维护,而这位少年就以嬉皮士的精神在两个女人的对峙缝隙里，胡作非为，看姨母能拿自己怎么样？

当然，杨氏终究会死，武则天忍耐了四年以后，流放了这个不争气的外甥，并于韶州绞杀而死。但是，仿佛是对母亲护短的怨气，干脆在诏书上写上杨氏跟贺兰通奸的事情。至于真相到底怎样，恐怕大多出于武则天的臆测，不过，仅仅猜测其实就够了，在那个时候，她的目标就是贺兰敏之，其他人，都必须为这个少年陪葬。

这就是武则天，尽管多年以后，她一次又一次大封母亲的爵位封号，但是并不妨碍此时此刻的刻意污蔑。你可以说是气愤，但是更多的是由她的思维方式决定的。当这头狮子不做梦不打盹，当她被刺激起昂扬的斗争意志时，她总是能在某个时期顺利地找到合适的对手，并全副武装投入战斗。后宫王皇后之战、长孙青蛙之战以及此时的母族之战，都是一场又一场目标明确、一击即中、不择手段置之死地的漂亮歼灭战。那是一个男人的天下，一个弱肉强食的丛林世界，女人如果想赢，必须比男人，更加男人。

她从来都不同情弱者。

天后

妄能，妄能，妄能

妾能，妾能，妾能

《华尔街日报》"企业女性"专栏曾出现过这样一个词——"玻璃天花板效应"，指的是"女性或少数族群想顺着职涯发展阶梯慢慢往上攀升，当快要接近顶端时，自然而然就会感觉到一层看不见的障碍阻隔在他们上面，所以他们的职位往往只能爬到某一阶段就不可能再继续上去了。就是所谓的玻璃天花板的障碍"。

这是在美国，所谓男女平等了的现代社会，却还一直存在着"玻璃天花板"，那么在武则天的时代，"天花板"应该是什么做的呢？

"帝自显庆已后，多苦风疾，百司表奏，皆委天后详决。"显庆之后，皇帝中风，武皇后开始辅政。

"时帝风疹不能听朝……帝欲下诏令天后摄国政。"十几年以后，皇帝病得越来越厉害，武天后开始独掌朝政。

史官眼里，这显然又是一次李氏王朝滑入深渊的渐行渐远，所谓"政无大小皆与闻之。天下大权，悉归中宫，黜陟、生杀，决于其口，天子拱手而已"，女人野心膨胀到无限，懦弱皇帝步步退让，终于导致有一天，被迫交出朝政大权，连同李家天下。

实际呢？

我们永远不知道历史的背后有多少内幕，正如不知道一个女人攀爬在男性社会里要付出多少辛苦。

从表面看，李治让武则天辅政，武则天仿佛邪神附体，三下五除二就"多智，称旨"，经过十几年的辅政，如虎添翼，神通广大，于是"权归中宫"。可这实在太看得起她了，不要忘了，论到政事，人家李治才是

111

正宗科班出身，开始，这个女人顶多也就是个业余选手。

男人身上有你一辈子也学不完的东西。我们日常里，总见这对夫妻的强弱对照，见依靠与权威人格的互相映衬，以为这就是互补与主导，是合适的时间碰到合适的人的爱情公式。但其实，武则天这辈子或者前辈子的枢纽，都掌握在这个看似柔弱的男人手里，无论打倒皇后、煮死长孙无忌，还是如今的朝廷斗争，那最关键的枢纽，一直在这个男人的手里婉转回旋。

当年李治病倒了，无法理政，朝政不是交给权臣就是后宫，那个时候，大唐的苔藓之伤——宦官专权还未浮出水面，不能穿越的李治鉴于长孙权臣之祸，只能选择身边人——妻子武则天。但是，这并不能证明李治完全信任皇后，天子之权不是让你先吃饭那么简单，给妻子配备了智囊团（北门学士）以后，他又重组宰相集团，在朝臣里树立出另外一股势力——权力均衡。

幼年读《三国》，孙权杀关羽，刘备报国仇，不懂诸葛亮为什么苦谏，那个时候总以为漫长的人生不过"快意恩仇"四字，恩义当头，哪里顾及联吴抗曹？后来才知道，孔明不是为了协议不是为了战略，更不是为了孙权，而是三方制衡牵一发而动全身，蜀吴国本来势弱，自相残杀只能让曹家得天下。这个世界，本来就不属于我们自己，所谓快意恩仇所谓侠骨柔情，也只在金庸的童话中黯然销魂。

李治是柔弱，李治是多情，李治是心软，但并不傻，人家自幼就聪明过人，当太子时间虽然不长，也是太宗手把手教出来的，初次登位比太宗都勤政，老爸是隔日班，他是日日朝，还谦虚地说自己笨鸟先飞。我们看这段历史，总被那个光芒万丈的皇后遮昏了头，时时刻刻注目的是这个女人本身，而其实，在五彩斑斓的未央宫，那个男人，才真正站在中心，武则天开始，也只是他的学徒，后来，不过是一员好部下，辅助着天下太平的决心，威吓着妄想把权的朝臣，遮挡着所有过失的冷箭——那权归中宫的背后，也不过是他的一名乖乖的、娇憨的、勤奋的、勇猛的女干将而已。

因此，当她提加薪的时候，他答应，他虚弱地靠在病榻上，微笑地看着这个活力四射的女人，倾听着她的愤怒与抱怨，分享着她的胜利与喜悦……偶尔，他歉意地扶住头痛的身体，说起自己对于朝政力不从心，多谢她的劳苦功高。女人突然站出来："陛下请臣妾独掌朝政，以分天下之忧……"

李治大吃一惊。

武则天这十几年管的事情，或许我们能从李治死后的遗嘱里瞧出端倪："有军国大事不决者，兼取太后。"当年太宗铁骑雄风麾下，是北败突厥、西和吐蕃、东征高丽的大唐帝国，后来为完成父亲遗愿，征服高丽，却因为没有与吐蕃"和亲"而两线作战。仪凤年间（676—678），被吐蕃大胜，东突厥余部乘机复国，王朝由此陷入北、西、西南的三面夹攻之中，由军事进攻改为军事防御。只不过值得欣慰的是，虽然三线对敌，此时的大唐王朝依然是幅员辽阔，太宗雄风依然高高飘扬于王朝疆域的寸土寸地，那个强悍的女人的身后，是即使"安史之乱、中原大乱，西域仍然能保持相对稳定 40 年之久"的大唐边防——这就是军国大事。

但这并不意味着她可以完全管好朝政，一个天下，不仅仅是军国大事那么简单，且不说位高权重的宰相们是否听从你一个妇道人家，经济农业、文化吏治，你行吗？

妾能。

同意，答应，微笑

多年以来，我一直不能理解《红与黑》里玛蒂尔德小姐的那句爱的宣言："如果再发生革命，哥哥们只会像群高贵的绵羊一样受死，而我的于连，则会像狐狸一样狡诈逃命。"《乱世佳人》里，瑞德似笑非笑地对斯佳丽说："这个世界无论怎样我们都能活下来，因为我们，都是流氓。"

百无禁忌，才成神。

长久以来，跟着制度共生的那些传统、秩序、宗法就是我们的心之所安，我们的精神皈依，我们不能逾越的生命轨道，但是世事总要变幻，时光总要流逝，几千年前的人们谁会想到有一天男女平等成为天下之昭示，有一天人人平等成为我们不可侵犯的神圣？历史浪潮里淘汰的，太多的是跟随当时的共生者，只有少数人，极少数人穿越过绚烂时空，破除掉重重束缚，站在机遇面前，大大方方说："妾能。"

遥想当年，英雄太宗于前，众多嫔妃于后，烈马当头，小小才人越众而出，高昂着头说"妾能"时，可曾想到，你只是个女人？

我们看她登上皇后之位后，接见家乡妇女，年 80 以上者授郡君。追封父亲为周国公，另封其母为代国夫人（大唐制度，诰命夫人从夫或者从子儿贵，封号也就必须与夫、子相配，如此另加封号，表明母亲因女而贵）。奏请禁天下妇人为俳优之戏。修改后宫名衔，把那些带有明显玩赏色彩的女人封号改为内助称呼（"夫人"改成"赞德"，增进皇帝道德素养；"九嫔"改为"宣仪"，宣示皇帝威严；"美人"改为"承旨"，承受皇帝旨意）。与其他内宫妇女一起参加封禅大典。追封老子的母亲为"先天太后"。亲祀先蚕仪式。建议延长父在为母服丧期为齐缞三年。组织编写书籍，包括各代女性历史……

当太宗，当李治，当嫔妃，当所有的大唐男女们抬起头，质疑地望着她时，她扬起明媚坚毅的脸：女人，又怎样？

多年以后，她重修《氏族志》；多年以后，她拼命打击贵族，扶植庶族；多年以后，黎民百姓只要有一才可用即能封官……

当太宗，当李治，当嫔妃，当所有的大唐男女们抬起头，质疑地望着她时，她扬起明媚坚毅的脸：小姓，又怎样？

当李治斜倚在病榻前质疑妻子时，武则天毫不犹豫地越众而出："妾能。"

可是，你要知道当时她未必熟谙其他政务，宰相们正对她冷眼相对，百官冲着的是天子之尊，不仅仅是传统礼制。女人身份，家族小姓，连现实情况也未必允许，李治很吃惊地盯着妻子，他实在想不出这份惊天动地的自信，何处而来。

可是他没有拒绝，朝廷政务有一半扛在这个女人的肩头，自己的病情越来越严重，太子羽翼还未丰满，拒绝，会带来可怕的后果，心软的他可不想看到，所以他答应了，微笑，并应承。

咸亨五年(674)，她提拔自己的血亲参与朝政，把侄儿武承嗣从岭南召回，袭爵周公，任殿中省尚衣奉御……

李治，答应。

四月，她走到前台，提出了北门学士共拟的政治革新方案——《建言十二事》(劝农桑，薄赋徭；给复三辅地；息兵，以道德化天下；南北中尚禁浮巧；省功费力役；广言路；杜谗口；王公以降皆习《老子》；父在为母服齐缞三年；上元前勋官已给告身者无追核；京官八品以上益禀入；百官任事久，才高位下者得进阶)里面包括她从来没涉及的所有政务：经济农业、文化教育、吏治整顿，等等。她在表明，这些"妾能"。

李治,很配合。

八月,她要求封"天后",要求改换官服:"文武官三品以上服紫,金玉带;四品深绯,五品浅绯,并金带;六品深绿,七品浅绿,并银带;八品深青,九品浅青,瑜石带;庶人服黄,铜铁带。一品以下文官,并带手巾、算袋、刀子、砺石,武官欲带亦听之。"

李治,同意。

第二年三月,她举行皇后先蚕仪,按照惯例本来由皇后率领内外命妇举行,但是,这一年的先蚕仪式却是让百官朝集,天后亲自检阅百官。她在跟他表明,百官,也是臣服的。

李治,点头。

四月,最后大戏终于揭幕——"时帝风疹不能听朝……帝欲下诏令天后摄国政。"朝堂之上,李治说出妻子的"妾能"意愿,宰相们坚决反对。

郝处俊引经据典:"不可持国与人,有私于后。唯陛下详审。"

中书侍郎李义琰:"处俊所引经典,其言至忠,唯圣虑无疑,则苍生幸甚。"

百官,默然。

李治,真心微笑。

帘后的那个人,终于知道自己头顶上的天花板,是什么做的了。原来如此,蓦然间,一种不知名的怒气,在无可宣泄处,凭空爆炸……

来过,走过,看过

当周王(武则天第三子李显)之妃躺在昏暗的幽房,黯然离世时,会不会觉得世事太无常，人生太荒谬？昨天还富贵常在，恩爱如欢，瞬息而过，王妃变废人，无端端的，严格监禁，连食物都变生饲料？

人生太过无常。

她闭上眼睛，眼角缓缓渗出眼泪，今上不豫，婆婆主政，主妇当家，朝堂大臣们也只是反对，宗族里何尝不更恐慌？李氏江山要由一个外姓女人把持，一旦有意外，他们李家全族将死无葬身之地！

这种恐慌表现在皇族们的脸上，吞咽在皇族们的心里，却在皇族们的嘴边止步。天后积威之下，那对付王皇后、萧淑妃的手段，谁不战兢？是，她虽然带领着我们祭祀，带领着我们参加封禅大典，与我们一起宴乐，家族里很多女人喜欢她、仰慕她、追随她，但是毕竟是李家人，与祖宗社稷，与江山万里相比，这些东西，太轻太轻。

母亲，一定是母亲，王妃攥了攥干枯的手。母亲是今上的堂姑母（长公主），跟皇帝感情一直不错，在皇上面前颇能说得上几句话，宗族里的鸡毛蒜皮，母亲常当笑话在皇上面前闲扯，一定是母亲。

王妃睁大了眼睛，那乍临大祸的委屈、不解与愤怒，突然在此时此刻变得异常平静。她突然想起来了，去年主持宗族的事务突然换了婆婆的侄子武承嗣，难道，那些闲言碎语早已传到婆婆的耳里？

只不过，一定是母亲，听说不久前今上要让政于婆婆，被众大臣都劝了回去……王妃攥紧了拳头——婆婆必是怀疑母亲在皇上面前也说了什么，或者，串通大臣们在皇上面前说了什么……

她重重吁了口气，释然。

小窗悄悄打开，送进来的，是生的不能吃的饲料，她斜眼看了一下，突然要笑，婆婆实在不必这么做，母亲是长辈，也许一时还不能把她怎样，但是自己却是儿媳，想死不是一句话的事？相对于宏图大计，相对于改朝换代，相对于宗族恩仇，自己又算得了什么呢？只不过是您前进路上的小石子，这么做，实在不必，婆婆。

她安静下来，不再挣扎，饥饿与求死的绝望淹没了全身，生命的气息一点一滴地远离这具年轻的躯体，缥缥缈缈的模糊里，是闪电似而过的一生。那些富贵欢宴，那些风光无限，甚至丈夫的面容，都如此遥远与陌生，只是，灵光乍现里，还会记得第一次见那个女人的情形……

大殿之上，飘然下拜，只听盈盈笑语："你是安乐家的闺女，好，好……"抬头，正对笑颜如花，明媚动人，纯真热切几乎让人恍惚——仿佛一切的一切，都是传说。

> 辛巳，妃坐废，幽闭于内侍省，食料给生者，防人候其突
> 烟，已而数日烟不出，开视，死腐矣。
>
> 《资治通鉴》卷二〇二

有条生命，曾经来过。

版本 A，版本 B，版本 C

上元二年(761)四月，就在天后提出独掌朝政而被朝臣们驳回后不久，东都洛阳的绮云殿内，李治在宫灯绰绰里告诉天后长子——当今太子：这个位置，给你了，弘儿。

李弘，泪流满面。故事，从此分岔：

故事 A，史书版。

太子英明仁厚，长成以后，对把持朝政心狠手辣的母后渐生不满，并且在处理朝政的时候，数次跟武则天的宗旨发生冲突。听到自己的异母哥哥李忠暴尸，立刻奏请将其收葬；监国的时候遇见自己的异母

姐姐——萧淑妃的两个女儿，据说囚禁掖庭多年，老女未嫁，孤独守寂，立刻"惊恻"，出面请嫁于武则天，武则天气愤之余随意指定了两个资格低微的侍卫让其完婚。

从此，太子"失爱"。

太子身体不好，童年就感染肺病，长大以后病势渐重，李治为了给儿子冲喜，挑了将军裴居道之女为妃，但是婚姻并没有挽救这位年轻太子的生命。当时政治斗争如火如荼，反对派正在太子周围集结，李治也将要以大位相授，武则天眼睁睁要被迫退出权力场，于是为了保持自己的势力，继续把持朝政，终于狠心毒杀亲子……

故事B，武则天版。

很多年以来，她就成为李治的左膀右臂，而无论你做出了什么业绩，永远有人指指点点，只是因为，你是个女人。女人干政就是司晨，名不正言不顺，而那些朝臣们，那些男人们，又做出了什么呢？

咸亨元年(670)八月，关中久旱，百姓饿殍遍地，天子不得不下诏"逐食"。所谓"逐食"，是指当时长安久旱，而交通不便又不足以让全国各地支援粮草，因此不得不让京都百姓到各地去找口饭吃。谁之过？

几年之后，辅政的她上书提《建言十二事》，提出治理国家的一系列举措——劝农桑、薄赋徭，给复三辅地，并禁浮巧，省力役，对于缓解灾荒，缓解当时的紧急国情，是起了一定作用的。她高昂着头，告诉这些无能的庸碌之辈，国家、天下、黎民众生，妾亦能。

但是很可惜，不知道这些家伙对太子进了什么谣言，让这孩子的心离自己越来越远，等再次从东都回来的时候，居然公开挑衅自己，要为那个情敌的女儿求婚？

如果，如果当初赢的是萧淑妃，他知道自己会在哪里吗？

她气得浑身发抖，不是气李弘为姐姐求情，而是气站在李弘背后的那群人——李弘身为太子,在后宫生活那么多年,掖庭里的姐姐,怎么早不发现晚不发现,偏偏朝廷分权时发觉? 必是有人"指引"的,而作为亲生儿子,居然被人利用到如此地步而不知,还一口一个"妇人干政",一口一个"天理伦常",谁教的?

她看着病体奄奄的儿子,他的身上,流淌着自己的血液,他的呼吸,混杂着自己武家的信息,而不幸的是,他却成了朝廷内斗的一个棋子,一个冲向自己的毒箭。此时,正一番慷慨激昂,忠孝礼仪……

她突然浑身发抖。

故事C,李治版。

人人皆说妻子鸩杀亲子,只有他心里明白。

他在朝廷搞权力分立,让妻子辅政的同时全力提拔对立派,让郝处俊等大臣成为武则天的死对头(郝处俊的孙子后来做太子舍人,被武则天判处死刑,临刑时言多不顺,破口大骂,说出了很多宫廷隐事,武则天大怒之际将他肢解,还把其父母乃至祖父郝处俊的坟都给刨开,焚尸扬灰,可见对他们一家恨之入骨),自己却对郝家极好。当郝处俊75岁去世时,他赞扬其"志存忠正,兼有学识",又为他在"光顺门举哀一日,不视事",丧事之隆重,实属少见。

当初扶植反对派,是限制妻子权力也罢,是防止大权旁落也罢,此时此刻,却已水火不容。妻子早已出师,亲手培养的猛虎,正是反噬时刻,卸磨杀驴,驴却杀不了了,虽然偶尔的百转千回,他知道妻子也能行。但是传统的力量毕竟太过强大,事实也证明这是不可能亦不可行之事,他必须,强行杀驴。

他这么做了,他告诉儿子,这个位置给了你了,他看见儿子泪流满面,突然心中不忍,这个孩子从小孝顺懂事,为什么把他拖进这个毫无人性的权力场? 拖进这个两相博弈的撕扯里? 只是,这是你的宿命,弘儿,生于帝王家就命中注定,你的敌人,是你的母亲。

真相，真正，真实

如果再选择一次，我宁愿不曾来过。

我刚刚出生的时候，母亲正是皇帝的宠妃，雕栏玉砌，金娇玉贵，万般怜爱，因此取名"李弘"。

其实，这个名字，很特殊，那是几十年前的乱世中，流传了很久很久的救世主的名字，也是生灵涂炭而向往久安的子民的衷心渴望。只不过，母亲的用意却非天下苍生，而是斗倒她的敌人，夺取天下至尊。

"弘儿，我都是为了你，"在我不懂事的时候，母亲抚摸着我的脸，身边飘来淡淡的栀子花香，明媚的容颜带着几分疲倦的沧桑，空气里飘荡着华丽的喧哗。在众人的衬托下，她总是那么美丽，那么倔强，那么强大，可，为什么看我的时候，总带几分淡淡的忧伤呢？

后来我才知道，因为我，有一个襁褓中的妹妹悄悄离开了人世，母亲不是在看我，而是在我脸上寻找那条小生命逝去的理由。

也许4岁那年，她找到了，因为我被封为太子。那个时候，她已经是皇后，带着高高的凤冠，在肃仪门接受了百官的朝拜，已经在天下人眼里，坐了皇后这宝座。可是，在我接受册礼的那一刻，我还是看到了她的惊喜与荣耀、她的激动与泪水、她的期许与憧憬，这个天下，她以为，会是我的。

其实我也以为会是，在那漫长的太子生涯里，眼前晃动着的书籍、夫子们的谆谆教导以及为哮喘准备的汤药，填满了我短暂的一生。父皇夸我聪明孝顺，老师们夸我勤学上进，而母亲，总是神秘而骄傲地站在一边，看着我，望向我，平白无故若有所思缥缈了去。我知道她在想念谁，想念什么，那一刻，究竟值得不值得？

值得吗？

这样的人生，背负了太多谶言与代价，太多……

我长大了，师傅们遮遮掩掩地提起母亲，学习的史书里，也平白无故多出了很多妇人干政的教训。我知道，他们在想什么，只是，我一直沉默，每当忆起那个栀子花开的夜晚，那份明媚的疲倦，我总觉得，师傅们是错的。

一直到后来，发生了一件事情，证明师傅们原来是对的。

我定亲了，对方是高贵的杨家女儿，素有京都第一美女之称，我曾经偶然的机会见过的。那个柔美可爱的女孩站在栀子花下，笑语盈盈："拜见太子殿下"，眼波里，承载着无限美好的憧憬与期许，一如册封太子时母亲那热切的眼神。

可是不久，表兄被废，奸情败露，这个男人居然烝了祖母，调戏太平妹妹的侍女，另外，还诱奸了我的未婚妻。没人敢看我的表情，就像我不能看自己的脸，我实在不能想象，那天那个栀子花一般的女子，居然跟表兄这样的浪荡子通奸，那热切的眼神，那笑语盈盈的脸，难道都是伪装？

我亲手撕毁了婚书，砸坏了周围的一切，像个疯子大吼大叫，吓坏了伺候我的宫人们。他们从来没见过温顺的太子会这么发疯，他们没想到太子如此重情，而其实，更让我痛苦的不是这个，而是那热切的眼神，那跟母亲一样热切的眼神。

这些皇家丑闻，居然被母亲明明白白诏告天下？撕毁了父皇、我和杨家以及所有人的脸，我们很难理解母亲为什么这样做。事发之后，听说女孩自杀了，杨家一下子沦为笑柄，但是满腹冤屈却无法发泄，因为武皇后并没有偏心，她连自己母亲杨氏都搭上了——真的没有人知道，她为什么这么做。

是长期忍耐这位放荡外甥的歇斯底里？还是针对杨氏家族的一次政治阴谋？

事情过去了很久，大家似乎要假装忘记，只有我，悄悄在深夜里黯然。母亲撕毁的，不仅是杨家，不仅是表兄，也不仅是祖母，还有我许久以来奋斗的期许。我黯然地躺在病床上，师傅们的话盈盈在耳，那同样热切的眼神，究竟在盼望一个怎样的梦？

我开始不听她的话，开始违背她的旨意，开始听从师傅们的指导……很多很多年以后，史书赞扬这个时候的我"英明纯孝"，看着母亲越来越失望与焦灼的眼神，我笑了。

直到后来，监国的时候遇到了异母姐姐，她们看到我的时候，麻木的脸上渗出几滴泪水，那被岁月折磨的苍老，爬满了未老先衰的脸。我突然想起那个可怜的女孩，那同样热切的眼神，心里有种东西突然悄悄发芽，我告诉她们，一定会求母后给她们安排一条出路。

当我提出这个要求的时候，母亲努力镇定自己，颤抖的嘴唇还是透露出了她的失望与愤怒："你知道如果你落到萧淑妃手里，会是什么下场？"

我知道，我当然知道，可是，现在是姐姐落到我们手里，我看着她的发抖，突然积攒了无数勇气，跟她争辩起来。

她从来没想到，我会这么强硬，恐怕也从来没想到，我会说出什么"妇人干政"的话来，她猛地站了起来，浑身发抖，我突然，止住了嘴。

值得安慰的是，姐姐们有了归宿，虽然是母亲随意指定的侍卫，只是我打听过，他们出身并不低微，也不算埋没了皇家的公主。只是自此以后，母亲再也没有私下跟我说过话，我们之间的羁绊与秘密，伴随着这次争吵，烟消云散了去，然后，我就病倒了。

我病得那样厉害，甚至东宫的宫僚们平日里也很难见上我一面，父皇非常着急，母亲则默然无语。我知道，是我伤了她的心，可是我不认为那是错的，就像我也不认为师傅们说得对一样，人生里充满着无数说不清的纠结——那一年那一月那一天，父皇在依云殿召见了我，他终于告诉我，弘儿，这个位置是你的了，我，泪流满面。

世人都说母后权力熏心，其实，她从来没有逃脱出父皇的手掌心，她只是他手下的一员猛将，为他杀人，为他承担责任，为他心狠手辣，为他下定决心，为他身体好了搭桥，或者升仙以后奉送于我——公正地说，这个如意算盘原本打得不错。母后是个女人，再能干再强大也是女人，朝上有反对派制约，宫内有太子当位，历朝历代的女主再厉害，最后还不是都拱手于人了？前无古人，父皇很自信。

父皇应该自信，所有人都很自信，所有男人。

谁也没想到猛虎有一天敢越天下禁忌。当母后在他活着的时候就敢提出独掌朝政时，父皇惊惶失措，他以为天理伦常的传统存在于每个人的心里，也同样存在于母后的心里，即使偶然想逾越，也会理性地压制下那个可怕的念头，没想到母后居然敢当面提出来。他张了张嘴："你会受苦的。"母后决绝："妾能，妾不怕。"父皇心头一阵恍惚，眼前似乎就是当年为爱再进宫的如花璧人，这么多年过去了，那份明媚并没有消失，那份刚毅并没有远去，经过了岁月的淬炼，反而愈加成熟坚定……

他默然，然后应承。

世人都说母后诡计多端，谁曾想那两虎相争的闹剧，都是父皇一手策划？母后的决绝打乱了他的部署，母后的野心惊吓到了他柔软而深邃的灵魂，决战时刻来临，他却退却了，也许是害怕，也许是不忍。总而言之，他退却了，他让我上。

我泪流满面。

4岁当太子，8岁监国，帝王术，我懂，权衡经，我明白，谋略大计，我晓得，只不过，我究竟还是他们的弘儿，不是太子弘，不是孝敬皇帝弘。后宫里，那张明媚而疲倦的脸，我忘不了；依云殿内，那种病弱而忍心的痛苦，我拒不掉。自古忠孝难两全，帝王事，原来如此。

我退却了。

让母后的焦灼、父亲的期许、朝臣们的争斗、师傅们的慷慨、亲情的缥缈、恩怨的纠结，统统随风而逝吧，这个世界对于自己，太喧闹……

后来，我闻到了，栀子花香。

牛逼，平等，向右

我在想武则天的"妾能"，在想"妾能"之后发生的种种，李治伪应、临朝失败、儿媳横死，以及长子暴亡，很难想象一个女人在时代有那个胆量敢跟皇帝叫板"独掌大权"，这似乎并不能简单理解为"非常之人必有非常之事"。武则天，再怎样也是个人。

当女人们穿着 CK 的内裤，擦着雅诗兰黛的化妆品与香奈儿的香水，男人们开着悍马，抽着古巴雪茄，游览世界的中国游客从吃方便面升级成名牌抢购时，富起来的中国新贵正在以名牌的方式演示着同样的焦虑……人是需要被承认、被认可的。这是人的一种本能，是吃饱喝足以后的一种需要，是安全了以后的一种上升，是有人提出的三种人生境界(舒适、牛逼、刺激)的一种——牛逼。

武则天现在需要的，正是牛逼。

她也是普通人，她需要有人肯定、承认她的成绩，执政十几年，军国大事做得不错，其他方面似乎亦可，成绩是合格甚至优良的，她需要这个世界给予自己肯定。是，李治给了，垂帘听政，二圣临朝、天后封号、北门学士，他能给的，都给了，而她的要求，却远非如此。

她要同工同酬，她要"能者居之"，可是，能行吗？

当21世纪的中国，很多工厂里男女同工不同酬的现象还依然普遍时，当女性的平均月工资与男性的普遍相差20％时，当社会的报酬偏差63％是因为性别歧视时，同工同酬，在唐代？在封建社会？似乎是个笑话。

但是太宗听了一定不会笑，曹操听了也不会笑，因为，这就是这个世界的成功逻辑。曹操所以能"挟天子以令诸侯"，是因为哪怕"负污辱之名，见笑之行，或不仁不孝而有治国用兵之术"的人才亦能有"其各举所知，勿有所遗"的现实理性。太宗之所以成就贞观盛世是因为杀兄逼父让天子之座"能者居之"。那个宣扬"君王在统治之时要以实力原则，不择手段去达到目的"、有"邪恶圣经"之称的《君主论》，却是西方历代成功统治者的必读书目，它的"实话实说"精神被现代启蒙者所借鉴，成为现代经济学、管理学的源头航母。

微软公司从来不以论资排辈的方式去决定员工的职位及薪水，员工的提拔升迁取决于员工的个人成就。在微软，一个软件工程师的工资可以比副总裁高，正是这样一种激励机制，使得微软现在已经有3000名员工成为百万富翁。美国通用公司前CEO杰克·韦尔奇一直强调这样一个观点：不断地裁掉最差的10％的员工，对公司的发展至关重要。各层经理每年要将自己管理的员工进行严格的评估和分类，从而产生20％的明星员工（A类）、70％的活力员工（B类），以及10％的落后员工（C类）。中国的海尔公司一直遵守的原则就是："能者上，庸者下，平者让。"

这个世界，尊重现实的人才会被世界尊重，利益角逐里的胜出者，无一不是天时、地利、人和里的现实理性者，只不过，曹操是乱世，太宗是皇子，微软、通用与海尔是提倡人人平等的现代社会。而我们的女主角，既非秩序大乱的时代，亦非皇亲贵族的男性，更非现代理念的强大支撑——她却想，对等。

如果在十几年前，李治也就当个笑话来听，可是上元二年，他不敢，这个女人辅政十几年，那些成熟的理政经验、不可小视的政治势力与政治威望，都化做了她站在那里说"妾能"的昂扬自信。这不是笑话，但太雷，自古以来女人执政都是朝政空缺里的不得已，如今是皇帝病了，但还活着，太子幼嫩，但已成人——倒不是笑话，只是太雷。

但是李治有李治拒绝的方法，那场让位的戏足够让武则天发热的脑袋清醒过来，并且为了防止她再进一步，干脆先禅位给太子李弘，只是天不遂人愿，弘儿突然，病亡。

这是大唐的转折点，也是武则天一生的转折点。

丈夫禅位，宰相阻谏，让她终于看清了自己前面那堵墙。或许，她起初的请求不过是一种希望多年成绩被认可的请赏，一种对于最高权力可望而不可即的跃跃欲试，一种不屑于太子与宰相们执政思路的好胜，但是现在，弘儿死了，他们的弘儿，死了。

想当年拼死拼活坐上后位，不就为有一天可以看到这个孩子荣登大宝？从始至终，她从来没有想过让这个孩子，去死。

本来想，独掌大权后，整治完朝政后，那个偌大的盛世江山之上，还是她的弘儿，可是，弘儿死了，她的弘儿死了。人生如此巧合，命运如此荒诞，让她不知道是该哭，还是该笑。原来，这个位置，命中注定，是她自己的。

她的弘儿不会白死，本来还在常轨上求取一份最大认可的武则天，从此以后，再也不同，从此后——向右。

天后，东宫，平局

上元二年(761)六月，天后第二子李贤，继位东宫。

李贤这辈子都没想到自己会当太子。

也许，在某个梦想的遥望里，他会偶然想到自己如果是皇上(罪过，罪过)，会怎样怎样，自己如果是太子，会怎样怎样。但也只是偶然，并且是梦想，哥哥从他懂事起就是理所当然的太子，十几年的太子天命，耳提面命的训诫与重复。他这辈子，都没想过真的会踏上那个位置。

突然有一天，他成了太子。师傅鬼鬼祟祟告诉他，是天后逼死了哥哥，这个位置才落到他头上，年轻的心，喧哗与骚动，他想，我可不是体弱多病的哥哥，母亲是女人，妇人干政成何体统？这个时候，又有人密告他，他的生母可能不是天后而是被毒死的韩国夫人，于是他下定了决心。

出招第一式：舆论。

自来大唐接班人，在预备期间想博取贤名，大多要聚拢文人著书立说。当年太宗做秦王时候就野心勃勃地招揽了"十八学士"以求文名，其四子李泰也有样学样，最后成为他想夺位的罪名。李弘当太子时，也曾招揽天下名士铸就华丽的文辞篇章《瑶山玉彩》。李贤进入东宫之后，马上补注《后汉书》，矛头所向，是太后干政、外戚专权……洋洋洒洒的十几万言，是对女性身份的嘲笑与讽刺，是宣召于天下妇人干政的讨伐诏书。紧接着，天后毒死长子，以及当今太子并非天后所生的谣言，漫天飞舞在秋风瑟瑟的大明宫里……妇人干政，太后不德。

众口铄金，积毁销骨，古往今来，舆论就具有可怕的作用，阮玲玉能为此自杀，芙蓉姐姐也能因此成名。那众口相传的轻薄，能毁灭一个伟人，也能成就一场战役，甚至左右一个时代的方向。

武则天愤怒地看着儿子，出招。

后撰《少阳政范》、《孝子传》赐贤，数以书让勒。

《旧唐书》卷八十六

李贤依仗的是妇人干政的历史教训，而武则天拿出的是更核心的伦理价值——孝道，并且在舆论战里更进一步——谶言。朝廷里有一个叫做明崇俨的术士，因为会看相，颇受皇帝夫妇的信任，他进言："太子不堪承继，英王（李显）貌像太宗皇帝，相王（李旦）最贵。"——太子不孝，不应天意。

结果：平局。

说实话，初战李贤打得并不错，虽然没有大胜告捷，但是抓住了对方道德上的致命点与传统意识上的缺陷。如果能沉得住气，冷静对敌，背有父皇撑腰，旁有官僚谋算，母亲再强大，胜负也很难说，但是像所有的年轻人一样，他急躁了。

679 年，明崇俨被盗贼刺杀。

这是再错也不能错的一步棋，初战成果一下土崩瓦解，连史官都记载着"时人以为太子所为"。两军对垒，授人以柄，本来两两相平的舆论格局，一下全部偏向了武则天。从此以后，无论武则天对他怎么样也不会引起众怒，因为，是他先动手的，不是吗？

他太年轻了，母后已经执政十几年，树大根深，自己刚刚接过哥哥的辅政班子，朝廷积水潭还没摸清就贸然出招，他以为哥哥是因为生性懦弱，他以为，自己绝对会不同的。

倒是不同了——结局不同。天后反击之后，沉不住气杀死术士，再以孩子式的"不跟你玩了"的负气纵情声色，政治，远比他想象的复杂，太子哪里是好当的。当李贤突然意识到这点以后，开始逃避。

开始迅雷不及掩耳的政治对敌，让敌人进入战备状态以后，再临阵逃脱。李贤在武则天面前，只不过是一个误闯大祸的孩子，但是他依然自信满满——他是天后的儿子，谁能把他怎样？最多也不过废了这个太子，正好他也不想当了。

可是政治斗争，从来不是请客吃饭。

权场，政斗，人伦

当 2009 年 7 月，百度魔兽世界贴吧中一个名为《贾君鹏你妈妈喊你回家吃饭》的空帖迅速蹿红时，"跟的不是帖子，而是寂寞"就成为 90 后们的标志宣言。正如我们这一代还在为剩男剩女跟老爸老妈们斗争，年轻一代已经用火星文、游戏以及耽美文隔开新的青年亚文化。无论什么时候，代沟似乎永远存在，于是，顺从父母的感情还是听从自己就成了一个永远无法解开的结。虽然三毛说，孝而不顺才是最高境界，但是，不论怎样抗议，请在父母面前保持沉默，因为改变老人家是不可能的，改变自己是不情愿的，很多时候，理要服从情（起码表面上）。

这是家庭场。

有 MM 将嫁，手头 A、B 两男，前者硬性条件好，跟他结婚以后生活不会吃亏，后者软性条件好，跟他在一起感觉很快乐。你说选感情还是选理性？

情与理之间，若问英国的奥斯汀，会是《理智与情感》里的理智胜出；若问中国的汤显祖，则是"情不知所起，一往情深"的以情胜理。爱情是什么？佛曰"不可说"，不可说，一说就错。当下再多婚姻指南感情指导，该犯的错依然会犯，该走的路依然会走，理性，只不过是我们受伤时的保护伞，发生问题时的方向标，却从来都不是爱情选择的救世稻草——没人会替你做选择，听听你灵魂深处怎么说吧。

这是感情场。

不久前邓玉娇事件，一个修脚女工与三个官员的流血冲突，有朋友慷慨激昂，以为当世豪侠不过如此，群情激愤之时两位义务服务的律师去了以后相拥大哭……几年前东北一位据说是黑社会老大的人物被判刑，证据不足的情况下因为"民愤极大"而重判……每当如此，我常常叹息，那些慷慨激昂，那些民愤极大，那些所谓正义，难道不是国人法制意识不足的表现？一个法制场里，以情害理，就是以私人的公正取代所有人的不公。因为，法律面前人人平等，坏人，也要平等。

这是法制场。

这个世界上有不同的门，也有不同的"场"，在那领域不同的场里，一直理性的人未必会游刃有余，一直感性的人则会必然失败，因为不同的场的运转法则，是完全不同的。现在，武则天跟二子李贤，是权力场，那个最讲不起情的地方。

这个场的运转规则按照学者的话说，就是"在特定的政治经济环境中，基于物质需求与精神需求，在三元利益的激励下，追求、夺取并运用权力，来实现特定的利益权威性分配以满足特定利益需求，从而实现权力工具理性与价值理性的有机统一，这一基本逻辑链外在体现为：双重需求激励——追求权力——三元利益互动——运用权力——政治行为"。

武则天站的那个地方，不仅是她自己，还有她那个小姓的庶族集团，有她从政多年的治国路线，有很多人、很多利益、很多牺牲、很多可怕的争夺，权力斗争只能你死我活，因为赢的不是你自己——武则天悲悯地看着儿子，贤儿，你可明白？

萧墙，人墙，高下

西汉刚建国，刘邦在白登山中伏，30万匈奴大军铁桶一样团团围住汉军。正在生死旦夕之际，陈平奇谋，偷偷向单于的阏氏献上白狐皮，并说如果汉军失败，则会献上汉族美女若干。于是阏氏不干了，中原美女柔嫩肤白，再来若干个她上哪里搁？于是死活劝谏，终于让单于放了刘邦。谁曾想，血雨腥风的汉代江山，身经百战的开国君主，诡谲多变的历史转机，竟是起源于一个女人的醋意呢？

雍正某个礼部大员，公正廉明，官誉清廉，有次科举拟题，按照当时法律规定，漏题者满门抄斩。本来这位大员是绝对不可能对外人说的，结果在家里喝酒喝醉了，跟自己一个小妾多说了几句，恰好这个小妾跟一名家童私通，于是考题外泄，满门灭族，自己也落得个腰斩的下场。谁曾想，清廉一生，几百族人，竟死于一个小妾之手？

水桶理论说，一只木桶盛水的多少，并不取决于桶壁上最高的那块木板，而恰恰取决于桶壁上最短的那块。匈奴最短的那块是身边的阏氏，大员最短的那块是自己的小妾，李贤最短的那块则是自己最宠爱的同性恋男伴——户奴赵道生。

谁能真正了解妇人、下人、不起眼但却起关键作用的那些人？

陈平非常了解女人的弱点，所以才能解白登之围，但李贤了解自己的户奴吗？

可以肯定地说，一定不了解。但他老妈可不同，人家是在皇后宫里擦过地板的，与后宫诸多宫女太监一起同甘共苦过的，要说利益收买，在与皇后对决之战时，是多亏了后宫庞大的情报网。但是奇怪的是，多年以后，当皇帝李治要废她的时候，还有人报信，有人"奔走相告"。这就绝对不是简单的利益收买那么简单了——有谁能比皇帝给的好处更多？可见武则天跟下人们是另外一种感情，虽然不至于以心换心，但是对于"下人心理"的把握和洞察，则绝对不是她那位养尊处优未经世事的二儿子所能比的。

仪凤四年(679)四月，太子的司仪郎韦承庆进谏，希望太子"屏退声色以抑其情"，武则天抓住这个破绽，迅速把那块最短的木板抽了出来——赵道生。这个人既然被英俊的太子看上，自然长得不差，估计跟武则天后来的男宠们有一比，但是人品极坏，多年的媚颜屈膝娈童性格早已扭曲了他的心灵，再加上武则天派人利益相诱、利益相逼，于是，招供出破天的一件大案来。

太子谋反。

公开，公众，公正

审案的是中书、门下两省宰相与御史大夫——薛元超、裴炎与高智周，从三个人的出身经历看，似乎并非武则天的心腹，也非太子党成员，应该是李治派去的中间派。但是不防武则天先发制人抓住了要害赵道生，并且指使供出自己就是杀死明崇俨的凶手——人证；太子府里藏有龟甲数百——物证。从裴炎后来的行为推测，多亏武则天的舆论战术，这三位中间派官员对太子逆母杀臣纵情声色也多有不满，自然不会鼎力维护,于是,大案构成,太子集团彻底败落。

在武则天的四个儿子中,李贤的结局似乎最惨,当他跟家人被流放时,连冬衣都没能给足。刚刚登上太子位的三子李显看着都不忍了,向母后请命说:"庶人不道……臣以兄弟之情,有怀伤悯……特乞……听给时服。"李治驾崩以后,李贤再被迁徙流放到更远的巴州幽禁;武周革命时,更被武则天派出的酷吏逼杀,而后大葬。不久,有人以李贤的名义起义,而那个时候,天下皆知,李贤已死。

为什么武则天单单对这个儿子如此心狠呢?她的三子、四子虽然受到某种程度迫害,但是究竟还是儿子,只有李贤,只有这位二皇子,几乎是斩草除根斩尽杀绝的地步。因为他做过太子吗?三子、四子也曾做过太子。因为他跟母后作对吗?后来三子李显也曾经跟母亲作对过的。那是为什么?

原因很简单:矛盾公开化。

李贤是公开跟母亲敌对的,互有攻守且互有杀戮,并且,是在所有人的眼皮底下,连当时的老百姓都知道明崇俨是太子所害。这样的矛盾,就不能也不再是"人民内部矛盾",而只能是"阶级矛盾",敌我矛盾。

想象在某个深秋的早晨,天空旷远,黄花遍地,武则天悲悯地注视着儿子远去的背影,从此以后,李贤这个名字,将是武则天永远的敌人。狠毒,是为了恐吓天下,逼害,是为了巩固政权。在权力这个公开的角斗场里,任何怜悯都会成为敌人的借口,任何姑息都会成为政敌的箭靶。也许从注释《后汉书》的那刻开始,她那位鲜衣怒马的白衣娇儿,就已死亡。

权力，权威，奴性

李贤太子倒台，洗马刘钠言、宫僚张大安、韦承庆被贬，曹王李明等被流放，典膳丞高岐因为是凌烟阁宫臣高士廉之后，交由高家家长自己惩戒。连同宰相里的反对派们也纷纷退场，郝处俊一年以后罢相，太子少保李义琰托病退休……李贤帮，彻底瓦解。

只是，在这历史缝隙里，出现了两件不起眼但很有意思的事情。

高岐被押解回家以后，入门就被父亲左卫将军高真行抽佩刀刺喉，伯父户部侍郎高审行刺其腹，最后由堂兄断其首，弃尸门外。天皇得知，鄙视其为人，把高真行兄弟贬到了远州。

李义琰托病退休以后，将软禁在黔州的曹王李明逼死。

这就是事实，我们看到的，是"生命之上，一无所有"，与"舍生取义"的气节博弈。而武则天却一定不这么看。

武则天就是武则天，我们做不了武则天，是有原因的。心理学专家说：成功者是80％情商＋20％智商，失败者则是20％情商＋80％智商。在这个世界上，要想在任何利益角逐中胜出，高超的谋略也只是一部分，更重要的或者更需要的，是翻云覆雨间那关于人性的更深洞悉。

权威的力量。

一位著名大学的教授在出差旅行的时候，经常在机场、酒吧、饭店跟陌生人交谈。在没表明身份之前，谈话同伴妙语连珠、兴味十足，他的观点也会迅速引起一场活跃的争论。但是一旦表明身份，对方立刻对他充满了敬意，对他的见解也唯唯诺诺，谈话的气氛马上变得枯燥无味……

这就是权威,站在那个位置上,你就像拥有了魔戒,拥有了支配他人的权力,而可怕的是,很多人会无条件向那个位置低头。那场差点毁灭人类的第二次世界大战,正是由于一战的分赃不公,负气而沮丧的德国民众需要一个强有力的"父亲"、一个权威来领导他们继续前进。于是,希特勒产生,一场可怕的复仇式的集体疯狂开始。

只要,你站在那个位置。

当初武则天提出独掌大权时,李弘做了多年太子,威望素高,背后有天皇,旁边有反对派,从舆论、从传统、从权力,武则天都不占优势,因此,有朝臣敢于直接反对。紧接着李贤继位,年少的皇子一上来就显出"天下唯我"的架势,煽动着那些内心暗暗反对"妇人干政"的男人们的心。包括天皇,包括朝臣,都没想到李贤败得如此迅速、如此毫无还手的地步。也许,在两两相较里,大部分群臣、大部分男人都会选择太子,是因为伦常也是因为传统。人们在悠闲而安全的时候,才会做个仁义君子,不是吗?

只是,那个强大倒下了,在权威的舞台里,只剩下武则天,尽管是个女的又或者说不管他是谁,男的、女的、老的、少的,哪怕是动物,只要他气势汹汹站在那个舞台,那些仁义道德,那些伦理纲常,都随着"谋反案"这种一级飓风无影无踪了。谋反案,不管内幕如何,性质已定,太子已废,权威就代表一切正确。

所以,高家迫不及待残杀亲儿,所以李义琰匆匆忙忙落井下石。虽然血腥,虽然可怖,但是内涵有什么要紧呢?只要权威能给我们带来归宿和安全……

武则天站在天皇李治背后,默默地看着一切戏,冷笑。

情面，局面，脸面

开耀元年(681)五月，新任太子李显续娶太子妃韦氏，适逢太子之妹太平公主也将出降，朝廷举行大庆，李治亲作《太子纳妃太平公主出降诗》以纪其盛，群臣亦奉承相和。那亲情融融，那君臣相和，丝毫闻不出权力斗争的血腥气息。他似乎忘记了，不久前长子亡，二子废，朝臣贬……

七月，太平公主正式出嫁薛氏大族，婚礼惊动了整个长安城，晚上灯火之隆，把路道两旁的槐树都烧死了。第二年，公主生薛氏长男，李治大喜，为之大赦天下。他似乎忘记了，这段婚姻武则天其实并不同意，表面的理由是嫌弃薛氏嫂子们门第太低……

开耀二年正月，太子妃生长子重照，天皇李治大喜过望，立刻封其为皇太孙，并且不顾关中饥荒，下诏改元，大赦天下，酒会宴请。他似乎早已忘记了，大唐制度上并没有皇太孙之制，此举不仅前无古人，并且也将后无来者。

同年，他跟妻子武则天再次去东都洛阳"逐食"，临行之前，拜托薛元超辅佐太子监国，说"吾子未闲庶务，关西之事悉以委卿。所寄既深……"他似乎忘记了，刚刚不久前李贤太子谋反大案事发，按照事理，所有人都要被罢相牵连的，包括眼前这个人。

他究竟在做什么？

力挽狂澜。

自己在世的时间不多了，而此时，妻子斗倒了强硬的儿子，新上任的三子不成大器，朝政堪堪将要一边倒，从前的均衡在措手不及里逐

137

渐失衡。他是李家儿子，英雄太宗之后，跟武则天再恩爱深厚，如何及得上这偌大的大好河山？他只能，也必须去尽力再设一局，去阻拦妻子滚滚而来的权力铁蹄。

情面。

文化大师梁漱溟曾提出，中国传统生活与传统文化的重心在于"家"，在于"家"所特有的情感关系，由"家"的情感关系扩延至社会，就形成了"中国社会生活中喜欢斟酌情理情面"的生存特性……

这也许可以解释那么多成功创业者的故事，为什么都像是刘关张桃园结义的再版；那么多受过高等教育先进思想的知识分子下海，为什么都头破血流功败垂成；那么多西方企业现代管理如果不跟"中国特色"相结合，为什么会很快消失在熙熙攘攘的东方市场里……中国就是一个人情社会，不管你喜欢不喜欢、批判不批判、落后不落后、现代不现代，它都会一直存在、延伸，并且生长。

上海流氓大亨杜月笙每遇到一件事，肚子里先斟酌的是如何吃三碗难吃的"面"——场面、体面和情面；蒙牛老总牛根生洋洋洒洒万言求助书，述说着"财聚人散，财散人聚"的情谊理念。在西方，人脉的力量在契约关系里，也不过手榴弹，但在中国，就是即将引爆的蘑菇云。

但这也只是它的一面。

你曾经因为它而不好意思让朋友还钱吗？

你曾经因为它而付出过多毫无回报的辛苦吗？

你曾经因为它而以公害私贪赃枉法吗？

任何东西都是一把双刃剑，当创业者们利用它来作为自己成功的起点与基石时，它的另一面也凸显出来了。那深深潜伏在我们灵魂深处的集体无意识，让我们不好意思拒绝，不好意思反抗，让我们本能地去接受、去遵从、去屈服。因为在一个宗法结构延续了几千年的社会里，家，就是我们的信仰、我们的归宿，由家情衍生出来的兄弟情、朋友情，就是我们赖以生存的安全羁绊——我们，是普通人。

不得不说，李治心存侥幸，但是也不得不说，李治心思巧妙。

在他最后的几年里，拼命打亲情牌，大肆庆祝那个不成器的儿子的生日、婚嫁，大肆宣扬天皇天后的爱女之情，大肆歌颂皇帝一家的其乐融融，就是要让妻子"不好意思"——不好意思再去公开攻击儿子，攻击自己的家人，攻击李氏家族，不好意思抢夺政权。他深知眼前人是如此遇强则强的生猛，强取失败，那就软攻。

此外，他又另外加了一把保险锁，大唐历史上从来没有封皇太孙的制度，可能在整个封建王朝这种行为都很少见，而他却急急忙忙把孙子都封了，因为考虑到最坏的一步——皇帝大权旁落甚至早死，很长一段时间朝政要由太后来把持。汉武帝时期窦太后不是吗？魏孝文帝时期胡太后不是吗？但这并不要紧，因为太后总是要死的，这个世界，新的生命将生生不息，20年以后的继承人，他已预定。那个时候，自然有人站出来替他、替传统、替祖宗家法来说话，他的妻子碍于情面是不会拒绝的，那么他的江山，还会按照他的意思顺理成章发展下去……

这就是情面，有情，并有面。

弘道元年(683)十月，他们驾临高山南面新落成的奉天宫，李治疾病越来越重，甚至到了眼不能视的地步，御医为其诊治，建议用针刺头出血。武则天在帘中听了大怒："此可斩也，乃欲于天子头刺血！"御医叩头求情，李治说："御医是议病理，不加罪；且我头重闷，殆不能忍，出血未必不佳，但刺之。"果然，刺血目明。离别在即，夫妻何尝不恩爱？这是有情。

两个月之后，李治病情日益沉重，自知不起，颁布遗诏，改元弘道，说"朕之绵系，兆自玄元"(总结治国方针是道家)，说"比来天后事条，深有益于为政，言近而意远，事少而功多……"(总结妻子的政治功绩),并大赦天下,要召百姓于殿前宣读,但因病弱无法成行——离世之时,自我总结,开示未来,并积极肯定天后多年政绩,这是有面。

是夜,召裴炎入,受遗诏辅政,于贞观殿驾崩,遗诏却这么写:"……皇太子可于柩前即皇帝位……军国大事有不决者,兼取天后进止。"——军国大事有不决者,兼取天后进止。这句话翻译过来就是,只有军国大事,天后才能管,而且只有在犹豫不决的时候,天后才能管。

为什么宣诏自己即将离世,总结自我,积极肯定妻子功绩以后,却最后限制住妻子的权力呢?因为这,才是李治的本意。给你情,给你面,但是夺你的权,把你牢牢困在"情面"的局里——其实,在那拼命要召集百姓来宣诏的时刻,李治就想要告诉天下人,他跟妻子的时代,已经结束,天皇天后,已经退场。

情面情面,给你情给你面,但,要你命。

挣脱,意外,出局

遗诏让太子在柩前即位,托孤的是辅政大臣,遗诏颁布的同时就意味着,那个位高权重的天后已经随着天皇的离世,退场,现在也不过名誉顾问而已——不得不说,从传统意识上看,李治这招是很有效很管用,情面的网罗已经牢牢收紧,诏书的合法性已经足够让她"不好意思"了,如果,不是机缘巧合,武则天或许就不是武则天,而只是历史恒沙数里某个王朝背后的女人——如果,不是机缘巧合。

这个时候,有一关键人物站了出来,一个男人。

这个男人在李治死后第三天就上奏,说是嗣君尚未正式受册封为皇帝，也未听政，不宜"发令宣敕"，所以建议"宣太后令于门下施行"——即一切政令都要以太后武则天令的形式发布。其实，先帝高宗李治也是枢前即位未受册封而发号施令的，"宣太后令于门下施行"此举，没有先例也毫无意义，但却堂而皇之实行了，因为，这个男人就是顾命大臣裴炎。

这位大臣本来不该是武则天的同伙，因为他出身高门，属于当时著名大族"洗马裴"氏家族，自幼勤奋好学，在被补为弘文生(进了唐代贵族子弟学校)后，"诸生多出游，炎独不废业"，甚至推辞了举荐的机会，立志要凭自己本事科举入仕，入馆十多年，尤其通晓《春秋左氏传》及《汉书》。中第之后，仕途顺利，历经兵部侍郎、中书门下平章事、侍中、中书令，深受皇帝李治的器重和赏识。

按照履历来看，有骨气、有节气、有抱负，照理来说，应该会站在武则天的对立面的，因为既然出身高贵，就不会像低微的北门学士一样需要武则天赋予荣耀，又因为自幼熟读史书经典，恪守儒家正统意识，对妇人干政就会充满了本能的反感与抵抗——可是，这个男人却投靠了这个女人，帮她挣脱了先帝李治设置的情面门槛，达到了太后临朝的目的……

裴炎的上奏，让武则天暂时得以大权独揽。当嗣皇帝李显丧期已满之时，她已经做好了种种部署：大封李氏宗亲，把有威望的亲王都加封为一品大员，这是安定人心，占据舆论主位，把持政治；调整宰相阵容，将十分配合自己的裴炎调至中书省担任中书令，北门学士旧员刘仁轨转为右仆射，其他中央核心人员都晋升一级，这是收买人心，培植亲信，把持政权；此外，还遣将调兵，分驻并、益、荆、扬四大都督府，把持军权。新皇基本被架空。

没有人喜欢被架空，三子李显虽然玩乐心重，不谙政治，但是也不喜欢做傀儡，于是他开始闹腾了，要拜资历不足的岳父——韦妃之父韦玄贞为相，封其子乳母之子为五品官。年轻的皇帝要在这群老狐狸眼皮底下培植自己的亲信势力，不是开玩笑吗？裴炎自然极力劝谏，李显毕竟年轻，说了句气话："我是皇帝，即使把整个国家都赠送给岳父又能如何？何况是一个宰相之位？"

这句话，真是"一句顶一万句"，武则天此时正缺挣脱情网的缺口——情面是亲情加面子，别人主动不要面，自己才能下手剪。儿子李显这句话，真是买一赠一的天大喜事，估计武则天高兴得要在屋子里打转："这话好啊，好就好在赠送上……"

嗣圣元年(684)二月六日，就在先帝死后 61 天里，太后于洛阳宫乾元殿召集百官，裴炎带领御林军入殿，宣太后令，新皇贬为庐陵王。当李显被扶下皇位时还莫名其妙呢："我犯了什么罪？"武则天回答："你想把天下送给韦玄贞，怎么没罪？"

一句气话就一个皇位，表面上不过是年少轻狂的幼稚莽撞，但实际呢？历史老人微微而笑。

第二天，武则天四子李旦即位。

第三天，李治亲立的皇太孙李重照被废为庶人。至此，李治的情面棋全盘崩溃，武则天终于逃出丈夫设计的最后网罗，而居功首位的就是这个男人。史书上说，在整个废立过程里，裴炎都在与武则天密谋，而我一直在想，这个有气节有学问有门第的儒家士子，这个应该成为女人当政最大障碍的男人，为什么会跟一个女人合作呢？

是性？

这是女人征服男人最原始最有用的武器，古来尽是红颜祸水祸国殃民的反面教材，但是谁让女性本身就处于弱势地位呢？跟男人们相比，要才华比得上科举士子吗？要能力比得上辅政大臣吗？要杀伐比得上雄健武将吗？那是男人的资源场，一般女人连入场券都没有，能剩下的，只有自己的女性魅力而已。

不过，我很快否定了这个雷人的推测，这不是言情小说，不是孝庄跟多尔衮之间的曲折暧昧，这是历史。当时武则天已经六十许人，打扮得再好，驻颜再有术，裴炎也不至于对她产生其他兴趣。不是武则天不够美，而是太老，面对一个 60 岁的老妇人，即使她本人愿意做怪阿姨，裴炎也未必有性趣去做怪叔叔。

是权势？

武则天执政近 20 年，威望素高，权高位重，能给予裴炎享用不尽的荣华富贵？但是不要忘了，当时裴炎才是辅政大臣，托孤之重，不下于天后时期的武则天，何况遗诏已经明明白白让武则天靠边站了。按照当时的情形，其实裴炎的权势才更重，何况人家门第还比武家高出许多呢。

那么是什么呢？武则天当时认为，是权威，是"领导力"（权力、实力与影响力的总和）。

女性能跟男性一样具有领导力吗？

当你问全球第一女 CEO——惠普前任总裁卡莉·费奥瑞纳，七年之内就成为"中国亚马逊"的当当网联合总裁俞渝，带领着中国团队成功拿下全球第二大铁矿石供应商、为科闻 100 全球带来首家非高科技类别客户的汤蕾时，她们的回答一定是肯定的。

20 世纪 50 年代，管理大师杜拉克曾预言，未来的管理时代，是女性的天下，因为时代的转变正好符合女性的特质。管理的重点越来越倾向于对人的关注和关爱，而这正是女性的天性。女性领导者可以跟下属一起逛街，可以关心下属生活，可以建立更多生活话题。论到影响力，女性领导者似乎比男性更具有优势……

武则天本身已看破人界，人类种种传统束缚早在多年政治拼杀里消弭殆尽，况且执政多年，权力的成就所激发的政治热情，与多年早已证明的政治实力，让她有并且也应该有这个自信。那个大唐江山，那个时代，需要的是她，而且在有求于人的时候，她的沟通能力想必亦是胜人一筹，因此跟裴炎一起废旧立新的过程里，合作愉快。

她本以为，明智、理性、见识超群的裴炎大宰相就是看在天下的分上，以能者居之的思维，凭借着石破天惊的魄力与对她个人领导魅力的佩服，是想帮她成就一番大业的。对此，她几乎感激不尽。

她以为。

幻相，幻觉，幻想

其实，当嗣圣元年（684）二月七日，四子李旦登上皇位的那个时刻，他们的合作，就已结束。

只是，武则天并不觉得，身居高位久了，总要生出几分无端的幻觉来。那个时候，裴炎依然像个奇货可居的同伴，是她见识不俗的同路人、创盛世伟业的同盟者，并且，废立时候众多文臣武将的配合，加之北门学士为素来心腹，更加重了她的这种自信。慢慢地，那份幻觉渐渐月晕到了满朝文武的叩拜之首上，让她心存侥幸地想，这些人，高级的是佩服她的才能，低级的不过崇拜权势，那件事，应该很容易。于是，她开始下手：

旗帜改色，把旗帜改为金色，饰以紫，画以杂文；首都改名，东都改成神都，洛阳宫改成太初宫；职官改号，以《周礼》为基础，中书省改为凤阁，门下省改为鸾台，尚书省改为文昌台，六部改为天、地、春、夏、秋、冬，御史台改为肃政台；追封老子之母为先天太后……

她想做什么？

当时真正明白的，估计不多。这个世界还是傻子多，尤其处在群体里，个体的智商都有被集体弱智化的倾向。稍微明白的，会以为她要做吕后第二，如被她一手提拔起来的北门学士刘仁轨早在废立之初就上书劝谏她不可擅权过重。而当朝之中，真正明白她想做什么的，却是她那曾经愉快的合作伙伴——裴炎。

当她的侄子武承嗣提出要立她家的祖先七庙时(按照当时大唐法制，只有天子才立有七庙)，裴炎马上站出来劝止了。当时扬州兵变，皇族韩王、鲁王威望素高，武承嗣提出要杀之以绝宗室之望，裴炎又马上站出来制止了。有种说不出来的裂缝，在这对亲密合作的人之间悄悄裂开，尽管，彼此都不想看见。

终于有一天，李敬业在扬州兵变，武则天问首席宰相如何讨伐。裴炎是这么说的："皇帝年长，未俾亲征，乃致竖子得以为辞。……若太后返政，则此贼不讨而解矣！"

约翰博士说，女人喜欢生活在幻想里，生活在未来期待里。她爱上某个男人，很可能是爱上了这个男人的未来——被自己改造过的那个完美形象，而许多年以后，当她突然发现那个男人根本丝毫没有改变，自己一切都是幻想时，就会歇斯底里……

德国拍的《斯大林格勒战役》里，那个思想深刻的党卫军最终放弃了逃跑的机会，开枪自杀，因为他发现，他那为之奋斗为之热血沸腾的信仰，原来只是一场欺骗……

其实，不管男女，人们都爱自我催眠，不要说生活欺骗了你。在那看似幸福美满的阳光下，又有多少自以为是的幻觉呢？

原来，这个高尚而不俗的同路人，是幻觉。

臣道，人道，天道

臣道是什么？

忠君，佐君，死君。

这是封建社会最正统的臣子典范，也是"学会文武艺，货卖帝王家"的士子理想。中国封建社会的主流教育与儒家理想的规范，让饱读诗书的读书人自然地把自己的人生价值与政治结合在一起，所谓"达则兼济天下"。遇明主，治天下，是每个文人心里的终极梦想，可惜，遇到一个好皇帝比中彩票都难，世袭制让皇帝素质取决于血缘而非素质本身，那该怎么办呢？

看岳飞，这位精忠报国的千古名将，一直以恢复中原，驱除鞑虏，迎回二圣为己任，却在不知不觉中得罪了宋高宗皇帝本人——强迫皇帝给他刘家军，明知道皇帝不能生育，还提出立嗣之事。这种"不臣"冲撞暗暗埋在皇帝的心里，只等有一天用不着的时候发芽……于是，宋金议和之日，便是岳飞命终之时。

金庸的《碧血剑》，最有意思的不是正文本身，而是后面几万字的袁崇焕评传。先生笔下那"明知不可为而为之"的铮铮铁骨，那不遇明主不逢世事的无奈扼腕，成就了一个君暗臣亡的无奈叹息……

千古以来歌颂的似乎都是这类忠孝臣子，那抬棺进谏的海瑞式慷慨，那林则徐式"苟利国家生死以，岂因福祸避趋之"，成为中国忠孝文化的一笔血腥的神圣。带着忠臣孝子的梦，带着文人士子的价值终极，沉淀于历史的大浪淘沙……

但，总有智者，杀出重围。

　　张居正在嘉靖二十八年(1549)就以《论时政疏》首陈国势"血气壅阂"，提出了他改革政治的主张。但是这些政见石沉大海，于是嘉靖一朝除例行章奏以外，再没见过他的一次奏疏。直到万历年间(1573—1620)，背靠两宫太后，旁依权势太监冯保，以霹雳雷霆之势总揽大权，整饬吏治，革新税赋，梳理财政，拯朱明王朝于将倾之时，使岌岌可危的大明朝多活了好几十年，也使万历时期成为整个王朝的最富庶时代……

　　曾国藩当年上疏批评咸丰皇帝，咸丰帝没有读完，就愤怒地将奏折摔到了地上，立刻召见军机大臣要定他的罪，若非其他人苦苦为他求情，恐怕他活不到跟洪秀全交锋了。事后，他上奏自责，从此再不肯对皇帝本人和朝廷说长道短。直到慈禧、奕䜣发动宫廷政变，推翻赞襄制度，捕杀肃顺等赞襄大臣之时，才大展鸿才，领着湘军攻陷天京，开展洋务运动，成为清末治世能臣……

　　总有智者，杀出重围。

　　裴炎。

　　李显不成器，武则天知道，裴炎知道，大家都知道。

　　在裴炎的心里，等这位喜欢游猎牧色的皇上死后再施展抱负，实在太过渺茫了，而有些东西是不能亲手的。周公再贤，还不是因为换了君主惹非议？霍光再厉害，还不是因为废立君王而灭族？这个责任太大，他担不起也不想担。而忠直如袁崇焕岳飞类，头破血流往上撞，他既不愿也不想愿。那么，怎么办？

　　借太后之手。

　　儿子是她自己生的，换成另外一个孩子，将来历史的罪名依然由她来承担。在大相之才的裴炎眼里，武则天不是皇后也不是太后，不过一个野心勃勃喜欢揽事的女人而已，借其手除掉不成器的李显，再树立自己想要的儒雅君王李旦，然后联合李旦解除太后之权(遗诏未有，皇帝成年，太后临朝没有合法性）。最坏，不过是让这个女人执政几年，从天下考虑这符合民心；从本身考虑，她总会比李显活得短点吧，李旦早晚有一天可以荣登大宝。那时候，就是君无为、臣有为的人和政清，就是他裴炎的天下苍生的盛世时代！

那个高傲、雄心勃勃的裴炎，那个"以臣择君"、抱负天下的裴炎，那个冲向"最高臣道"的裴炎，他不想效忠哪个皇帝本人，而是效忠于李家王朝，他不想庸庸碌碌做个太平宰相，而是想周公在世，管仲复生……

其实，裴炎想的是不差，走的也不错，可惜，他遇到的不是大明李太后，而是大唐武则天。

合作成功之后，裴炎突然发现，这个女人居然不是想做吕后，而是要做皇帝！那旗帜改色、首都改名、官职改号，甚至天子七庙的建立、对李氏宗族的杀戮，都明明白白暗示着一个新时代将要到来，而他裴炎，先帝的托孤之臣，李唐的辅政宰相，居然是始作俑者之一？

五雷轰顶。

大唐，风格，真我

光宅元年（684），扬州起兵十日，裴炎下狱。二十日，战事吃紧，裴炎处斩。这位宰相平时官声颇佳，人缘甚好，又正是平叛用人之时，朝野涌动，皆鸣不平。监狱中，左右劝他逊辞免祸；朝堂上，同僚们拍着胸脯："裴炎社稷忠臣，有功于国，悉心奉上，天下所知，臣敢明其不反！"

但两位主角呢？

裴炎淡然处之："宰相下狱，焉有更全之理。"全无求生之志——世外高人。

武则天更有意思："朕知裴炎反，知卿等不反。"——高僧说偈。

有些东西，还需要说吗？裴炎是谋反，但不是反李唐而是反"武周"，可他此时此刻能说什么吗？武则天更不会说。幻觉醒来，彼此对视，不过惘然，那汹汹改朝换代的铁蹄，早就踏破了所有的侥幸与虚妄，让这对曾经亲密合作的政治伙伴，以莫须有的相互仇杀，落下帷幕。

裴炎没错，但之所以在历史上只是做了裴炎，而没成为张居正，成为曾国藩，只是因为他太主动，他不想等待而是以臣择君。谁曾想被他利用的那个女人，居然是千古第一雷母（女人居然要做皇帝？）——不是他错，而是运气太坏。

可，那就是大唐。

你可曾见过大唐出土的陶器？那色彩缤纷的绚烂，那题材多样的选择，那大胆开放的想象，动物俑惟妙惟肖，人物俑栩栩如生。尤其那些高髻丰满的仕女俑，粉面黛眉，窄袖襦衫，外翠锦挂，长裙束胸，正是"胸前如雪脸如花"的丰姿雅容，更是"粉胸半掩疑晴雪"的烂漫无忌……

你可曾读过大唐流传的诗歌？那是"念天地之悠悠，独怆然而泣下"的苍凉，是"一生大笑能几回，斗酒相逢须醉倒"的洒脱，是"仰天大笑出门去，我辈岂是蓬蒿人"的高尘，也是"儒术于我何有哉？孔丘盗跖俱尘埃"的叛逆，更是"家园好在尚留秦，耻作明时失路人"的大志与"总为浮云能蔽日，长安不见使人愁"的怀才不遇……

大唐初建，高祖太宗皆关中陇上一带的豪强劲旅，带着大漠风沙气息的刚强彪悍与粗豪朴野的勇武雄健的精神气质，混合着多民族多文化的交融混杂，在"不拘一格降人才"的人才激励之中，形成了自尊自强、自由自在，青春浪漫又雄壮率真的"大唐性格"。

生命的漫漫之途里，现代中国人希望"平稳"，美国人希望"刺激"，法国人希望"浪漫"，但唐人会希望"彰显生命的最大张力，因为我们，必死"。而也正是这样一种性格，一种精神，铸造了拼一切也要做次皇帝的女皇，铸造了敢于主动出击以臣择君的裴炎，同时铸造了无数文人武士、豪杰侠士。

不遇，宣泄，答案

还记得"白毛浮绿水，红掌拨清波"这首诗吗？这是天才神童骆宾王 7 岁所作。可惜造化弄人，他的一生，是个悲剧。

同样是文人士子，他却没有裴炎那么好命。出身寒族，不能像裴炎那样天生就能占有更多优势资源，自幼就能有高人指点故人相助，只要勤奋清廉再加点处事狡诈，就能官运亨通一路顺风——他不是。

他出生的时候，就已家道中落，父亲死后更是贫困交加。长成谋生科举，却没有中第，回乡穷读几年之后，终于能在京中任职，也不过权门府椽之流。后来突然罢职，33 岁那年去了豫州，做了道王李元庆的府属。按照唐律规定，王府的府属必须隔几年换人，可人家道王很欣赏他，希望一直留任，他却耻于自炫，辞不奉命。

几年之后，他卸职闲居，但是一个穷书生，没有基础家财，连隐士都是做不起的，寄寓异乡，即使设法耕种，也不能谋生。于是只能又改变初衷，四处求仕。后来终于时来运转，拜奉礼郎，旋即东台详正学士。只是，依然不得意，那年，他 49 岁，青春连同盛年，都已过。

但他并没有灰心，大丈夫志在四方，军功更能施展抱负，于是从军西域,久戍边疆。后来入蜀,居姚州道大总管李义军幕,平定蛮族叛乱,仪凤三年(678)终于回京,任武功主簿、长安主簿。转了一圈,拼了40年,他又回到了年轻的原点。

61岁那年,他终于由长安主簿入朝为侍御史,却正逢武则天当政。这位仕途极其不顺的才子却一肚子妇人干政的正统观念,多次上书讽刺,于是得罪入狱。写下名句:"露重飞难进,风多响易沉。无人信高洁,谁为表予心?"次年,遇赦得释。

一生困顿,一生颠簸,只因为,身,是下层而非贵族,才,是文才而非吏能,思,却是辅佐天下的宰相之志。一辈子都没弄清政治是什么(诗歌不过是一种优雅的理想,而现实却是利益之间的残酷厮杀)——不幸的是,却把那旷世救国的梦做了一遍又一遍,在那个还是贵族把持的初唐盛世里,宛如暗夜里盛开的罂粟花,怪异、悲惨、纯粹而妖气四溢。

这个时候,李敬业造反。

对骆家族人和史官文人们来说,骆宾王参加李敬业的造反,真的是才子失所的扼腕叹息,但是对于骆宾王本人,未尝不是一种恩赐——他那憋闷委屈的一生,需要宣泄,需要答案。

又不是生不逢时,又不是自身不足,为什么?

> 伪临朝武氏者,性非和顺,地实寒微。昔充太宗下陈,曾以更衣入侍。洎乎晚节,秽乱春宫。潜隐先帝之私,阴图后房之嬖。入门见嫉,蛾眉不肯让人;掩袖工谗,狐媚偏能惑主……一抔之土未干,六尺之孤何托?……请看今日之域中,竟是谁家之天下!

《讨武檄文》

在那慷慨激昂的满怀悲愤里，在那"谁家之天下"的造反血性里，在那个天下大恶集于一身的女人身上，骆宾王终于找到了他人生的答案，或者更应该说"出口"。也许，这是上天对于这位政治幼稚的天才诗人，最后的慈悲吧。

有人能懂吗？

骆宾王的主子——李敬业，是一定不懂的。

这位公侯家子，大唐名将李勣之孙，没有遗传爷爷的人生清醒与政治智慧，却只是仅仅因为仕途不得意就造反起义，在一批失意文人的包围下，就自以为是天下民心所望，只需揭竿而起，必能一呼百应，成功之后再不济也是复国功臣。但是他忘了，武则天已经执政十多年，威望早著，老百姓们只要不是日子过不下去，是不会冒险造反的，官员们即使再心有不满，人家武则天还没改朝换代呢，他们顾及身家性命，也不会贸然跟着他走的。在这个世界上，哪有那么多舍身为国的忠臣义士？最终还是实力说话。唐朝当时是府兵制，在有驻军的关内道、河东道、河南道以及扬州所在的淮南道里，扬府的兵力最弱，哪里会是中央军的对手？

更何况，由于李敬业的策略失误，最后连那点"道义正确"都失掉了。谋士魏思温建议他既然勤王，最好挥师北上，直指洛阳，他却听取右司马薛钟璋的意见，去攻取有"王气"的金陵，摆明是要做据地一方的军阀，结果自败旗帜，因实力不足，造反仅仅四十多天，就被武则天派出的大军镇压了下去……李敬业是不懂的，他只是个勇将，不是大帅更非王者，时代不属于他。

但是，有人懂。

武则天初听《讨武檄文》，不过尔尔，但听到"一抔之土未干，六尺之孤何托？"之时，却遽然而起，问侍臣："这是谁做的？"（可见她并不认识这个人，当时骆宾王下狱跟她无关，人家压根不知道，骆宾王算是白恨了一场。)当左右告诉她"是骆宾王所作"时，她是这样回应的——

叹息："宰相之过，安失此人！"

世人都说，这一幕表现了武则天爱才之心？

同样曾经恩宠无门，同样做过"下人"，同样了解"贵族毛玻璃"的武则天，读出什么了呢？

你用的人，都是故旧贵族，他们再好也是李唐王朝的忠诚者，裴炎不正是"一抔之土未干，六尺之孤何托"的现成例子吗？在他死后抄家，他17岁的侄子还敢上书请见，说什么"臣伯父忠于社稷……"以历代专政太后的悲惨结局告诫她，如果不早还政，恐怕将来会连累宗族……而这个世界，这个社会，还有另外一些人，他们拥有着不比裴炎更少的才能，拥有着更多的报国之志，但那些一腔热血、满腹经纶，终究只能籍籍无名淹没在贵族把持的朝廷之下，淹没，愤激，反叛，灭亡。

那精彩绝伦的文辞背后，不正是一个下层文人才华横溢但报国无门的悲愤宣言吗？

武则天，懂。

岔口，选择，决断

武则天坐在苍凉的朝堂之上，岁月如梭，如梦如幻，自己仿佛还如14岁般朝华年纪，青春、憧憬、梦幻、激情与皇帝的恩宠……61岁，权倾天下而一无所有，拔剑四顾，不过众叛亲离……

深信的盟友，却在扬州谋反之际趁乱逼宫；心腹刘炜之，却在垂拱三年(687)，跟人私下传言"太后既能废昏立明，何用临朝称制，不如返政，以安天下之心"；祖荫李敬业，恩宠三世而起兵谋反。而在这个倌大的朝堂之上，又暗藏着多少裴炎、刘炜之、李敬业？曾经以为，多年勤政的努力，总有那么几个会真心效忠于她，谁知，不过幻觉。

仰天大笑？歇斯底里？抑或，就如老臣刘仁轨所谏，就此罢手？

她在铜镜里摸了摸自己的脸，端容正好，岁月的划痕还未显现，只是眼角的皱纹，断断续续传来了逝去的苍凉，伴随着垂拱新年渺渺传来的鞭炮声，让人一阵一阵的寒意。现在太后权重天下，人人皆怕她，连自己素常最疼爱的小女儿太平，日常态度里都无故带了几分疏远的敬畏。没由来的，她突然记起许多年前，那个人还在，一家人围坐一旁，贤儿到处调皮，乖顺的弘儿偎依在旁："我不要监国，我要跟父皇母后一起……"

她打了个寒战，站起来，看着窗外扬扬洒洒的大雪，那个念头又冒了出来：抑或，就此罢手？但是多年营谋，那么多人的血……她深深叹了口气。

垂拱元年(685)正月二十二日，刘仁轨去世，随之而来的，是从前的那个李家主妇、那个天皇的影子，在武则天心里也终于即将倒塌。从此以后，有些事，有些所作所为，终于也不用再恍愧交加。

女皇　不如归去

性事裂口

当西方女权主义运动轰轰烈烈传至中国,女人们才突然意识到,原来被男人、被男性中心、被男权压迫了几千年,如今,反抗的时候到了!那么,怎么反抗?80年代之前指向的是男性化的"铁姑娘";90年代开始,则是女性独特的生命体验——"性"。

是,在生活里,男人更重性,女人更重情,可在生命里,一次深刻的情感经历(未必发生身体关系)会让一个男人迅速成熟,而一次性经历,却能让一个女人的生命爆破。那个时候的武则天,正站在人生的十字路口,多年的奋斗与自身传统的禁锢、自身的抱负与亲情故旧的羁绊、权力的恐惧与无人可用的焦虑,紧紧缠绕住了她的脚步。而冯小宝,这个街头卖货郎的入侍,却帮她下了最后的决断。

性,对一个女人的生命进程来说,究竟有多重要?

她不是什么贞洁烈女,侍奉过先帝又跟李治夫妻多年,受胡风影响,并有对保守士族们的排斥;具有鲜卑血统的李唐王室家风并不严格,太宗就纳了自己的弟媳为妃,后来的玄孙有样学样地纳了自己的儿媳,公主们更是恣肆妄为,有跟和尚通奸的,有跟无赖厮混的,花样百出胡作非为。只是,她武则天做了多年的李家主妇、辅政皇后,一直名声不错,虽然政敌颇多,但是私生活上似乎并无可非议。如今60岁了,更年期都过了,生理期都断了,突然招了个小男人进宫,对于李氏宗族来说,就像红楼里贾母突然跟娈童私通一样雷人。

何况,即使宗亲们不敢说什么,她心里的李治也未必能过得去。终究夫妻多年,即使经过一些波折的感情博弈,即使在权力斗争里两个人曾互斗心机,但是在王皇后、长孙无忌、北门学士、弘儿……的身上,哪一个不背负着夫妻共战的影子? 有些记忆,即使忘掉,也会影影绰绰回荡心底,成为岁月和时间最悠久的惩罚。

即使李治不会说什么也说不了什么了,她自己也未必过得去。曾经的暧昧之恋,是年轻美好的冲动,感业寺的勾引,是生存无奈的挣扎,那个时候能活着就是最大的胜利,什么道德伦理来不及想也没法想。可是现在,贵为太后,权倾天下,又素来强调母权孝节,招男宠进宫,又如何能面对满朝文武与文成武德?

因此,当高祖之女、千金长公主向她进献这个男人时,她是犹豫的。历朝历代太后通奸似乎也不鲜见,仅仅作为私人生理的发泄渠道,在当时开放的风气下似乎也说得过去,只是,只是……

她是犹豫的。

但是当见到冯小宝本人以后,她同意了。

史载这个男人"身材魁梧,孔武有力",而史书上形容她老公李治"宽仁孝友"而"仁弱"。还记得在她刚刚登上后位的时候,魏国夫人就曾经作为一种柔弱的补充,差点乘虚而入抢夺了李治的心,幸亏她及时掉头,把夫妻关系调整过来才稳定住后位。按照约翰博士的两性理论,每个人都需要另外一方来补充自己的欠缺,但是许多年以后,当这种欠缺补充过度而导致夫妻关系失衡时(如一方太过霸道),他/她就会寻找相反。李治是皇帝,是男人,自然可以名正言顺地找个娇媚可人的魏国夫人挠挠痒,但武则天那个时候可是皇后,是个女人,唐朝再开放也没开放到女人可以公开纳宠,因此自然不能也不敢去找个强壮男补充她——但现在一切都将不同。

这个男人站在她面前,英气勃勃,带着下层社会的粗俗与下流情欲,让看惯了翩翩贵公子的武则天一阵本能的晕眩。于是,她留下他,虽然她自己也不知道为什么,虽然她一直告诫自己,就这一次,就这么仅仅一次。

　　而就这一次，改变了很多事情，甚至改变了历史的某种进度。

疯狂真相

　　一夜情改为多夜情，冯小宝，被留了下来，剃度为僧，监修白马寺，并以"家僧"的身份往来宫中，服侍太后。

　　垂拱元年二月，大唐的上访制度被调整，三月，建立铜匦制度。在街头设置一铜匦，依照五行学说，东面延恩匦接受"告朕以养人及劝农之事"；南方招谏匦接受"能正谏论时政之得失"；西方申冤匦接受"欲自陈屈抑"；北面通玄匦接受"能告朕以谋智"……设立知匦使一名，负责接收投书，理匦使一名，负责处理投书。凡告密者，所在官员不准过问，而且好吃好喝伺候，即使农夫也会蒙太后接见，所言不合上意，也不怪罪，合意则立刻封官大赏，于是四方涌动，告密者摩拳擦掌，蜂拥而至……

　　而按照当时唐律规定，上访告状是被严厉禁止的。《斗讼篇》上规定："诸投匿名书告人罪者，流二千里。得书者，皆即焚之，若将送官司者，徒一年。官司受而为理者，加二等。被告者不坐。辄上闻者，徒三年。"并且不准诬告罪行，胡乱推测，必须在诉状写明时间和事实，如被查明诬告，尤其是以下犯上的(庶民告官、奴才告主、小辈告长)就会罪上加罪……

　　她，究竟想做什么呢？

　　铜匦设计不久，设计师鱼保家就被告密在李敬业造反期间，为其制作兵器，杀伤官兵甚多，于是伏诛。

垂拱二年，西京新丰县出现祥瑞，却有荆州人俞文俊直接上书说，这不是什么祥瑞，而是"陛下以女处阳位"的不正引起的灾难之相，流放被杀。

刘炜之做武则天心腹多年，不过私下里说了几句不服的话，就被诬陷他私受贿赂，与许敬宗之妾私通，嗣皇帝李旦因为旧交求情都不管用，武则天还是以拒捍制使之罪赐死于家……

李敬业败亡后，弟弟敬真逃亡，结果于定州被捕，敬真为了保命，牵连数十人，连宰相张光辅都被诬"阴怀两端"处死……

魏玄同为相多年，曾是上官仪好友，与裴炎交情也甚好，当时有酷吏趁机诬陷，说他说"太后老矣，不若奉嗣君为耐久！"赐死于家……（其实这是武则天想杀他，防止他怀恨在心，为友报仇，假借酷吏之手而已。）又唯恐流人造反，"其流徙在外者，又遣万国俊至岭南杀三百余人，又分遣六御史至剑南、黔中等郡，尽杀流人，皆唯恐杀人之少。"

垂拱四年（688），太后因为明堂建立，召集各都督刺史、宗族皇亲到神都集合，而此时武则天种种"谋反"行为已经引起了李氏家族的警惕，这个命令明摆着是"引蛇出洞一网打尽"。于是假做李旦求救诏书，准备联合起兵反抗，结果琅琊郡王李冲性子太急，没等谋定就出动，八月发兵攻取武水县败还。其他人想动的也不敢动了，只有他父亲李贞硬着头皮响应，终因准备不足，实力不济，很快被中央军打败。不过17天，李贞就与子、婿自杀身亡。

这次小谋反，让武则天终于抓到了机会，李氏家族此时正是武周的革命对象。九月，太后借酷吏之手杀韩鲁诸王；十月，杀东莞郡公李融；十一月，杀跟李家有亲的薛氏宗族（包括太平公主的丈夫）；十二月，杀霍王李元轨；翌年七月，连不曾参与预谋的李慎都被流放杀死；七月，武则天的庶子们也难以幸免，李上金和李素节被招入京都杀死，亲子李显与李贤子孙，被严格囚禁，嗣君李旦被软禁宫中。

这段时期的武则天,可以用谋反的李家王孙之间的通信来形容:"内人病渐重,恐须早疗……"在故人眼里,她疯了。

同年,疯狂继续。

四月,雍州永安人唐同泰说在洛水中得到一块瑞石,上面写着"圣母临人,永昌帝业"八个篆字,百官上表称贺。太后大喜,趁机自加尊号"圣母神皇",要以"圣母"身份亲自拜洛受图,承受天命,并举行祭天大典。

十二月,镇压了李氏宗族的造反以后,祭天大典如期举行,皇氏子孙、文武百官、外国君长济济一堂。更在翌年正月,于情夫冯小宝督工完成的明堂之中,举行了更为隆重的祭礼——自己初献,李旦亚献,皇太子终献;十一月改号永昌,使用周历;不久,外甥凤阁侍郎宗秦客又奉上 12 个怪字,武则天下令颁行,并把其中"曌"字作为己名……

紧接着,载初元年(690),《大云经》出台。

这部佛教经书由情夫冯小宝领头编撰,说佛在灵鹫山大会时,预言净光天女出世,以女身当国王,实为菩萨化身,弥勒佛转世。——唐代,在佛教本土化的过程中,民间主角还是弥勒佛。他作为救世主的象征,在战乱时期多被起事者引用自称,成为民间最忽悠人的一位热闹的佛祖。

在情夫领头编撰的《大云经》里,武则天就是弥勒佛转世,受佛祖指派拯救世人的女身国王……

载初元年九月三日,侍御史博游艺突然率领关中百姓九百多人游行,要求将"唐"改为"周",赐皇帝姓"武"氏。史载武则天"不予理睬",但却把官品为从七品的博游艺一口气提拔了十阶,封为正五品的给事中……

于是,文武百官再傻也知道怎么做了,博游艺的游行刚结束,又有百官宗室、外戚百姓以及僧人道士等进行游行上表,要求改朝换代——连皇帝李旦本人都参与其中。

五日，据说有凤凰云集。

七日，武则天终于许可众人的请愿；九日，改"唐"为"周"，大赦天下。

事到此时，太后所有的疯狂终于揭开了真相……

往事干杯

武则天出身虽然不是大贵，毕竟也是功臣之后；虽然也做过尼姑、宫人，擦过地板，端过尿壶，但寺庙不是草莽，后宫不是绿林……她的前半生，从来没有真正与山野之徒接触过，现在这位冯小宝给她打开了一扇门，让她看到了世界的另外一面——欲望，自然的欲望。

《宫女谈往录》里的那位荣姑姑曾经这么描述过自己伺候多年的慈禧：

> 老太后名义上是当了皇太后，实际上是 26、27 岁的小寡妇，吃的是山珍海味，穿的是绫罗绸缎，正在青春旺盛的时期，可是孤孤单单的，守在身边的是一群不懂事的丫头，伺候自己的是一帮又奸又滑的太监。那群六根不全的人（指太监），吃饱了饭没事干，整天在憋坏主意，揣摸上头的心理，拍你，捧你，最后的结果，谁也不是真心，大的捞大油水，小的捞小油水。太后明明知道是这样，可是又非用他们不可，这不是受罪是什么！再说上上下下，整天像唱戏一样，演了今天演明天，妈妈儿子没有真心话，婆婆媳妇没有真心话，实际一

个亲人也没有。最苦的是自己一肚子话，到死也不能吐出来，人和人说话像戏台上背诵编好的台词一样，丝毫不能走样，您说这不是受罪是什么？所以太后在宫里能够消磨时间的正经事，就是看奏折。一到孤独寂寞最难熬的时候，就用看奏折来消磨时间。

古往今来，新朝建立，制度定规，礼仪相应，贵族形成，这些站在金字塔最顶尖的人，除了享有巨大的社会资源，还必须付出人性的代价——吃喝拉撒都要定规化、礼仪化，微微一笑都可能蕴含无穷杀机。在这种礼仪强奸下，没疯的人是不少，但是不变态的却不多，而这个世界上，每个人都是需要有一个自然欲望的发泄出口的。武则天才人多年，皇后多年，太后多年，在那重重礼仪与利益倾轧里，激情洋溢的生命热情束成权力进取的欲望，艰难血拼里，只能前进、前进、再前进。只是，她快忘记了，她是个人，是个女人、自然的女人……她忘记了。

其实，早在作为太后临朝之后，她就应该戛然而止，像历史上许多幸运的掌权女人一样。只是生命热情总有种不甘，让她无法停止脚步；大唐气象带来的开阔，与生命最绚烂化的本能让她无从喘息。虽然她已经大权在握，但是灵魂深处总有种声音，盈盈响起——体现生命的最高价值，改朝换代做皇帝。

她摸索着，磕磕绊绊地穿行于那个男权包围的环境，在那个满朝精英的僵硬面孔里，背叛、怀疑、虚伪、谋反、冷漠和不屑，几乎让她要停滞，让她胆怯、怀疑和犹豫，让她想把自己重新淹没在那传统的理智、宗法与宫廷贵族的制度里，一如当年才人般的寂寂黯然。而正在这时，有个男人出现了……如果说从前那个儒雅的贵公子给予她的是生命的转机，那么现在这个野蛮的卖货郎所给的，则是与往事干杯的勇气。

这种勇气，首先表现为性欲的迸发。本能让她先走下了太后贞洁的台阶，自然，是在高位者梦寐以求的事情。

自古以来，男女之间的两性关系里，男人都是占了绝对主宰的，是主动性的、进攻性的、征服性的，女性只不过是被驾御的对象。性关系，也完全是为了满足男人的欲望和需求，而女性的需求与欲望，被隐藏、掩盖，甚至忽略。

武则天生活的那个年代，即使女性地位有所提高，即使风气较为开放，依然是个男尊女卑的男权社会。性关系遗传千年，不会因为她能干就能转向，在她与李治的夫妻生活里，可能一直遵从着"被御"的方式，一直有种礼仪的笼罩与束缚。但是冯小宝不同，他不过是一个下层卖货郎，是她宣泄生理的一个工具罢了。并且这位卖货郎在进献之前侍奉过千金长公主的侍女，颇受过一些专业训练，因此，那夜那晚，一定给予了武则天不同的感受。这位 60 岁的老妇人可能也只能在这位年轻无知的卖货郎身上，感到了放下一切（礼仪、道德、心机、谋断）的无拘无束的快乐。一如劳伦斯笔下的女主人公们，性，激发了生命的能量与热情，让她体验到，只要活着，就不能到此为止。

只要活着。

流氓保卫

除了本能带来的生命激情，勇气还带来了别的——破坏。

"和平演变"基本是不可能的，裴炎证明了，扬州造反也证明了，要想有新的，就只能破坏"旧的"，而尴尬就在于武则天跟那个"旧社会"打断骨头连着筋。她的儿子是"旧人"，她的宗亲是"旧人"，她的下属是"旧人",连她本人,有一半都是"旧人"(皇后/太后)。那个"旧的"李唐王朝简直就是她身上的某个器官,让她如何去决裂?去撕毁?去破坏?

但有些人,能。

那群叫做游民的家伙。

当垂帘之后,听着"贫穷不能理生业"的侯思止不认字却要当御史,看着面貌俊美的死囚来俊臣密告和州刺史李续与琅琊王李贞"共逆"时的胆量,翻阅胡人索元礼第一次推案制狱献上来的颗颗人头的血腥,她感受到了那种来自地狱的勇气与力量。

跟从前接触的那些优雅的贵族不同,他们凶狠、残忍、蛮横、无礼、不顾道义而无法无天,给他们一把刀,他们能屠宰世界,给他们一点好处,他们就能自馁全家——因为他们本来就一无所有。

学者杜亚泉曾经给这些人下过这样的定义:"游民是过剩的劳动阶级,没有劳动地位,或仅做不正规的劳动。其成分包括兵、地棍、流氓、盗贼、乞丐等。"这类人不事生产,整天无所事事到处游荡(尚游侠、喜豪放、不受拘束),充满着对社会不满的愤青情结(疾恶官吏,仇视富豪),和平时期类似黑社会,战乱年代则是被用来造反和破坏的主要力量。因此,历代有为君主都把这些人视为大敌。

一句话,他们是一切秩序的破坏者,是对社会不满、仇恨一切的愤青,是来自地狱的恶魔。而武则天此时,正需要给予破坏的勇气,需要有人能跟她一起割掉己身——这活儿,彬彬有礼的君子干得了吗?

必须是流氓。

索元礼:出身于少数民族家庭,向武则天告密,受到武则天的接见而被"擢为游击将军",成为最早在洛州牧院推案制狱的酷吏。这位酷吏"性残忍",推按一人必然要牵连数十甚至数百人,很衬武则天的心意。武则天曾多次召见索元礼以"张其权势"。

侯思止：卖饼出身，连字都不认识，以密告舒王元名与恒州刺史裴贞"谋反"起家。初任"游击将军"。天授三年(529)升为朝散大夫、左台侍御史。据说他当时求官的时候，说想当一个御史。武则天被逗乐了，说："御史掌管着监察和举荐各级官吏之权，需耳聪目明，明文通史，你连字都不认得，怎么能当御史？"侯思止毫不知耻："陛下知道獬豸这种神兽吧，它虽然不识字，却专会触邪人。小人因家境贫寒，未能读书识字，可小人对陛下是一片忠心，可以像獬豸那样惩治陛下的仇人。"武则天感到此人愚忠可嘉，于是，破格封他为朝散大夫、侍御史，与来俊臣等推案制狱，"苛酷日甚"。

其中最杰出的酷吏是本为死囚的来俊臣，史书说他长得如漫画主人公般俊美，性情却如哈利·波特中的伏地魔那般可怕。垂拱年间以上书告密受到武则天接见。天授元年迁侍御史，加朝散大夫，开始推案制狱。表现优异，花样百出，甚至与其党徒编造出了整人步骤——《罗织经》。

一、整人第一步，是要确定攻击目标。(违反《唐律》)

二、然后展开信息搜集，怂恿告密，寻找证据，控制舆论。(违反《唐律》)

三、等到上司批准下来以后，开始进行调查。

四、抓住证据或者伪造证据以后，开始抓捕。(违反《唐律》)

五、审讯时施用酷刑逼供，被告只有两条路可以选择，一是招认，一是死于酷刑之下。(违反《唐律》)

六、审讯时让犯人们在口供中互相牵引，并扩大向外牵引，人数多寡和范围大小，随心所欲。(违反《唐律》)

七、把犯人的口供进行整理，使之天衣无缝。

公开宣扬行恶有理、暴力审案、刑法有效、牵连求功……教其门徒如何编造罪状，安排情节，描绘细节，陷害无辜的人——把杀人理论化。

此外，还发明了很多奇形怪状的刑讯办法：有的让人跪在地上，在枷上垒瓦，叫做"仙人献果"；有的用东西固定人的腰部，将脖子上的枷向前反拉，叫做"驴驹拔橛"；有的用橼子串连人的手脚，再朝一个方向旋转，叫做"凤凰晒翅"；有的让人立在高木台子上，从后面拉住脖子上的枷，叫做"玉女登梯"；有的将人倒吊，在脑袋上挂石头，有的用醋灌鼻孔……把杀人艺术化。

我们可以想象这些低微的"小人"、"下人"，平时受尽达官贵人的压制与冷眼，此时突然晴天霹雳出现了翻盘机会，他们居然可以公开释放人性之中的黑暗，公开整治趾高气扬的权贵豪强，于是杀人的快感、主宰别人命运的征服感、打倒反动派的虚荣心与杀人立功以求富贵的贪婪，便构成此时的恶魔艺术与革命恐怖。

邪恶，也是一种快感。

而这血海尸山，这疯狂破坏，不正是一个女人壮士断腕的无奈脆弱吗？流氓的疯狂与破坏，给予了这个女人勇气与力量，同时，也是一个女主男属时代不得已的自我保护。她要向所有男人朝臣证明，我是有力量的，强权的、不惜一切的、疯狂的力量。

流氓，就是我，最后的保护。

根源来源

通过铜匦与酷吏，武则天还找到另外一种东西——根源。

太后掌权，历史上有，汉代吕后、东汉诸太后、北魏胡太后……但是太后做皇帝，前无古人后无来者，正统的宗法传统里，从来没有留下任何缝隙给这个女人，在维护上层统治阶级的儒家面前，她根本就无源可求。

她没有根源，在中国这是一件可怕的事情。

一个女人要当皇帝，没有人会支持，或者应该说，没有一个贵族官吏会支持。当太后的时候或许会有几个心腹，但是当她要做开天辟地的女皇，跟着她走的，几乎没有。王莽还能培植起一批自己的拥护者，但是她是个女人，就注定一无所有。

有种魔力召唤着她继续前进，有种阻力却让她几乎无处挣扎，幸好此时有个男人，轻轻开启了那扇门。她伸出头去，原来还有这样一群人，他们只信服弱肉强食的逻辑，他们只崇拜真正的强者，不管你是男是女，是人还是动物，只要你拥有了绝对权力，他们就会以死效命。

而她也发现了，如果说让那些贵族们惶恐叩头的是天人感应的儒家谶言，那么在这些人心里，天人感应化做了另外一种东西。还记得吗？就在不久前，丈夫还活着的时候（永徽四年），睦州发生乡民暴动，"妖女"陈硕真自封"文佳皇帝"。据说这个女人容貌艳丽，性情豪放，精通武艺，早年丈夫在反抗恶吏的冲突中身亡后，游走各地，多方学法而得道成仙，因而身边汇聚了大量信徒，焚香起义之后，几日之间就达万人。直到攻取婺州的时候，宿将崔义玄都迫于"神力"差点缴械投降，还是因为一颗流星陨落其营地，才打败了这个妖女……

这仅仅是个民间女子，就能让这些人拼着身家性命起来造反，靠的是什么？

她微微而笑。

在佛教传说里，印度阿育王以轮王在世的身份举行无遮会，行转轮王功德。垂拱四年（688），光辉灿烂的明堂建立，在这个古代最高统治者的"大本营",她摆放的却是佛教法器,打扮得仿佛一座十分庞大的佛教道场,弥漫的是袅袅炉烟,萦耳的是钟磬佛乐。

690年革命成功后,对有功之臣封赏,制令僧尼处道姑之上。封冯小宝、释法明等为县公,皆赐紫袈裟、金鱼袋,僧人也第一次可以做官。

此外,在全国范围内颁行《大云经》,敕建大云寺,敦煌唐人的《大云经》说:"佛即先赞净光惭愧之美次彰天女授记之征。即以女身当王国土者,所谓圣母神皇是也。……"

很多人把这个看做女皇母亲信佛的影响,或者一致地认为佛教是这时候武则天改朝换代的意识形态与宣传口号。是,这是她的政治手腕,但是谁曾想,这是这位贵族女性从铜匦酷吏和那个下层情夫身上寻出的政治启发呢?

他们崇拜她,因为绝对的尊严与权力,更加信奉她,因为弥勒佛转世的传说。而历史的荒诞就在于,这种女性直觉里寻找的根源与理由,却恰恰巧合了这个时代、这个阶层,或者说这个最为广泛的老百姓的心理需求——天人合一式的宗教意识。

自古以来,这种"上天代理人"替天行道的信仰就已深入人心,"天命所归,天人感应"铺垫在每个下层百姓的心灵深处的是救苦救难的彼岸花开,是西天乐土的理想憧憬……

因为相信天人感应,汉代刘邦能斩白蛇起兵。

因为相信天人感应,秦末陈胜、吴广可以造反,当时同行的戍卒买鱼烹食,发现了写有"陈胜王"三字的帛条,奔走相告。此外,有人在夜间丛林中,点起篝火,装作狐狸的声音呼叫:"大楚兴,陈胜王。"……

因为相信天人感应,东汉末年张角可以自创太平道,广泛传播"苍天已死,黄天当立,岁在甲子,天下大吉"的谶语,黄巾大起义开始……

因为相信天人感应,清末的不第秀才洪秀全,在最后一次去广东应试时,因为得到一本基督徒传教士送的《劝世良言》,回家后认真阅读,结果如痴如醉,发了疯创立"拜上帝会",宣称自己是耶稣的弟弟,上帝就是他的天父,耶稣则是他的天兄,掀起了轰轰烈烈的"太平天国运动"……

我,就是传说中的救世主,就是弥勒佛转世,就是佛派下来的女身国王……

这,是成为女皇的一切根源的根源……

来路不正

载初元年(690)九月九日重阳节,66岁的武则天荣登大宝,改国号为"周",万众欢呼里,多年劳苦、杀人立威、祥瑞忽悠,无论什么手段什么方式,终于如愿以偿。事到如此,是否该心满意足?

照理来说,她应该放下武器,在酷吏们的安全保护下,在阿谀之徒的甜言蜜语中,恣肆享受奋斗多年的胜利成果。一如西晋贾皇后,广聚面首、贪图淫乐,或者像北魏胡太后一样,迷信佛教、宠信奸佞、浮华奢侈……可是,都没有。

一个人能走到多远,取决于境界。

有的人享受做到太后即可,不必费心竭力爬上皇位,都六十多了,"人到七十古来稀",她还能活多久?何苦得罪宗亲,得罪故旧,得罪自己,撕裂曾经所珍爱的一切?

因为她有自己必须得到的东西——马斯洛说,人的需求有五种:生理需求、安全需求、社交需求、尊重需求和自我实现需求。

权倾天下,即使可以满足生理、安全、社交与尊重需要,但是无论如何无法满足的,是自我价值的实现。走过血雨腥风,登上权力顶峰不是为了享乐,而是因为想给天下一个交代——在那改朝换代治国安邦的最高价值里,满足灵魂深处最本能的、最本质的生命冲动……

我们见历史上那无数帝王功业,血腥屠杀,权力交错,总以为纵马天下不过功名利禄,不过权色富贵,其实,对于每一个真正的帝王,那掌控天下的荣誉感与满足感,不正是一个卓越不息的激荡生命最好的价值体现吗?

不要忘记,当太宗还是秦王的时候,当他面对着天下与嫡长子的传统,面对着父亲与兄长的容纳与忌讳时,他究竟想要什么?权力?美色?名分?财富?他都有,而之所以逼父杀兄,其实不过想在缔造出的大唐盛世里,还短暂生命以最大尊严,以永久承诺。

在这个世界上,"我来到了,我看到了,我征服了"。

幸而不幸她居然成功了,凭着一股血气终于破天荒做成了女皇,只是,在那光环四射之下,永远伴随着的,是来路不正的焦虑。

是,冯小宝敞开的那扇大门,给了她勇气、力量与自信,让她狂飙突进荣登大宝。只是,当革命成功之后,当一切尘埃落定,当激情恢复到平静,当狂潮退回到生活本身,日常理性终于又浮出了水面——从古至今,没有一个女人当过皇帝,尽管找了弥勒佛找了武德周朝,女性在一个男权社会主正位,命中注定,来路不正。

挪威人在海上捕沙丁鱼,如果抵港之后,它们还活着,就会比死鱼值钱很多,于是很多人想办法让它们活着回来。结果只有一个人做到了,他在鱼槽里放了一条鲶鱼——沙丁鱼们因为这个异类而变得紧张,到处游动,于是这种生存焦虑反而让它们的寿命得以延长……

来路不正的焦虑,正是武则天内心的那条鲶鱼。

亲情之伤

有时候，这条鲶鱼会化做恐怖罗刹。

这位看似风光无限的女皇，焉不知内心如何警觉？因为，这个位置实在流了她太多的血和眼泪，是抛弃一切倾其所有抢来的，一无所有，只有这个了，谁，都不能动它分毫！

她的酷吏统治达十年，死于非命的冤魂无数，这个她是知道的，但一个女人，在重重男权社会里，利用强权坐上了皇位，四面树敌的情况下，只能宁肯错杀，也不放过一个。这是一个女主政治的必然，她不想，但又有什么办法呢？

权力需要血来喂养，女人的权力，则更需要血，更多亲人的血……

于是，生命交错而过，伴随着母后的政治杀伐，皇子皇孙们的命运都匪夷所思地脱离了常规，估计谁也没想到自己的一生是如此突兀得光怪陆离，而面对如此无情怪异的造化弄人，有的会认命，有的是默然，有的能超脱，有的，却是疯狂甚至毁灭。

庶子们早在革命前被杀。庶女义阳公主的夫婿李下玉在天授二年被酷吏所害，自己也随之离世。次女宣城公主的夫婿也在天授年间被诛，公主本人被囚禁宫中，但这位公主似乎跟女皇是宗教姐妹，并且信得比她好得多——打坐的时候，身后都能出现菩萨的影子，终于吓住了女皇逼害的心。

等到大唐复辟之后，这位公主恢复了宣城的封号，皇帝弟弟们给她建府安度晚年。据说，她依然默然自敛，不务奢华，后来拜祭父皇李治的时候，看到了画像，哭倒在地，从此成疾，一病不起，黯然离世。

　　我在想象这样一个女子,出生时候或许正是母亲萧淑妃盛宠,享尽疼爱荣华,然后突然一夜之间,失去所有,变成了囚犯。青春的岁月在十几年的囚禁生涯里渐渐被打磨,然后遇到她的弟弟——当时的太子李弘。母子争执的结果是太子失宠,她们出嫁。

　　虽然夫婿非贵,但是她们也非当年盛景,彼此天涯沦落人,倒也夫妻和谐,本来以为能平安度过此生,结果庶母武则天又起波澜——武周革命。她们,注定永远都是敌人,还能说什么呢?转眼之间,荣华消尽,恩爱成空,自己也被囚入后庭,还能说什么呢?

　　这一生,不过是武则天的政治牺牲品,从前情敌,后来政敌,始终被一股强大的力量所囚禁,所捉弄,所侮辱。一直以来,生生死死,起起落落,命运这样残忍,为了保持最后尊严,只能静默自守而已。只是突然有一刻,看到了掌握这一切的始作俑者——那个女人,她可以不放在心上,可是父皇呢?

　　这一切,竟是父皇。太残忍。离世的那一刻,她是怀恨的,不是激烈却是幽怨的、深长的、刻入骨髓的恨,因为她这一生,没有答案。

　　可是在女皇那政治天下里,有多少无辜的生命没有答案?

　　二子李贤早在革命前夕就被逼杀,他的儿子们死的死,囚的囚。其三子守礼在官里经常挨打,以致到了玄宗登基之后,人人皆说守礼能预知阴晴,比天气预报都准。当玄宗皇帝好奇垂询时,他回答:"不是有什么妖术,而是早年幽闭宫中,每次过年都要挨打,留下的瘢痕在阴天就会感到沉闷,晴天就会感到轻健,所以能预知阴晴。"说着,泪下,玄宗也潸然。而这位亲王并不成器,据说愚笨纵乐,一点都不如父亲李贤的英姿飒爽,可是又有什么办法呢?他的一生,从头到尾,都毁了。

　　三子李显因为是废帝,在囚禁的岁月里终日惶惶不安,每次有来使宣令都吓得要自杀,幸亏身边有妻子韦氏劝解——"生死由命,怕什么？"才得以苟活。而从此以后，这位身边人也成了他生命的致命支撑，以至于等到云开日出之时，疯狂的他居然要还一个天下……

皇嗣李旦本是幺儿，龙朔二年(662)六月一日出生于长安蓬莱宫含凉殿，几个月之后即封殷王。因为是小儿子，自幼便受尽父母疼爱。长到8岁时，要开府离宫，问父皇："出阁是不是要离开这里？"父皇说："是。"他撒娇："勿得离阿母。"亲情恩深，又素与皇位无缘(上面三个哥哥，不可能轮到他)，因而一直按照人性正常的逻辑成长，本来是可以做亲王般逍遥自在的，史书上也说其"谦恭孝友，好学，工草隶，尤爱文字训诂之书"。可见，跟敏感体厚的大哥、贤能锐利的二哥与愚弱贪玩的三哥不同，这个四儿子是学者、书生，儒雅君子。

也许这样的人，才是人臣心里的理想皇帝？裴炎拼命想要辅佐上位，群臣几度劝谏太后让位，可机缘巧合里，总不幸跟皇位差0.01公分。母亲突然发了疯，再也不是从前的恩爱慈悲，而只虎视眈眈看着自己坐着的那个位置。凭实力、凭信心、凭权谋，甚至凭心性，他都不是也不愿成为母亲的对手。

可是母亲疯了！为了成全也为了自安，他几度让位——太后专权时让过一次，武周革命时又主动让过一次。他这辈子，就想远离权力快快乐乐做个亲王，可不知道为什么，总是造化弄人，让他一次次受尽权力的折磨与痛苦。

这种痛苦有时候带着的，是更为锐利的、亲情的伤。

武周革命后，长寿二年(693)正月，他的妃子刘氏与窦氏给婆婆武则天请安，结果突然失踪，谁也不知道去哪里了。他不敢问，在母亲面前依然若无其事，直到有人向武则天报告实情——刘氏与窦氏厌胜咒诅女皇之事系户婢团儿诬告，因为团儿看上了这位翩翩如玉的佳公子李旦而被拒，女皇下令棍杀团儿，才解除了自己的危机。

这就是皇嗣的处境，连母亲身边的一个婢女都不如，不被信任不被重用,而只是一个潜在的对手,一个政治上的敌人,她的儿子,他的母亲……

情何以堪?而他,只是默然不语。

几个月以后,因为尚方监裴匪躬、内常侍范云仙私自拜访幽禁的他,结果引起了武则天的愤怒,两个朝臣被腰斩,公卿以下皆不许再见。接着,小人落井,诬告他潜有异谋,武则天找来了来俊臣推案,左右受刑不过,都想承认诬陷算了,只有一个乐工安金藏站了出来,大呼:"公既不信金藏之言,请剖心以明皇嗣不反!"说着,引刀自割,五脏皆出,血流满地,宫殿之内,朝堂之上,终于惊动了武则天,下令让御医治疗这位乐工。当把他的五脏安好,肚皮缝住,一夜醒来之后,女皇亲自去探视,面对着乐工苍白的脸、真挚的眼神,突然想起幺儿总是默然不语面无表情的脸,8岁"勿得离阿母"的稚音依然盈盈在耳,什么时候,到了这种地步,母不母,子不子?武则天突然掉下泪来。

她终于略微有些清醒、恐惧,并不是来自自己的子孙,而是来自内心,不是吗?

"吾子不能自明,使汝至此!"

话虽如此,但只要在这个位置上,就只能永远伴随着亲情的伤,只能。

清醒警惕

还好,这条鲶鱼不仅让她警惕了别人,也能警惕自己。

我们普通人,看历史人物,看帝王将相,看现在高官,看成功人士,总觉得他们站在那个高高平台上,应该怎样怎样。其实,当一个人拥有了巨大的操纵力量和资源(人力物力)的时候，周围一定围绕着阿谀奉承之徒，他们人品低下但智商并不低，他们说出的话以及对你的判定，一定是你最想听的，或者在自我幻觉里最想摆的那个 Pose。此时此刻，很多人，就会迷失。

武则天多年以来身居高位，奉承者一定不少，但她的敌人也不少，并且无论做什么，都受另外一种强大势力的牵扯与制约。做昭仪有皇后盯着，做皇后有皇帝盯着，做太后有权臣盯着，而这么个心气高的人儿，又加上不达目的决不罢休的性子，要说能跟着奉承飘飘然，很难。可是现在，一切都不同了，王皇后早化成灰了，皇帝老公也死了，权臣治罪了，满朝文武被自己吓住了，有一帮真心拥护她的酷吏和下层官吏以及子民，把她当弥勒佛救世主来对待，她会怎样？

即使心气再高，志向再远，恐怕也很难抵得住周围萦绕的糖衣炮弹——我们可以肯定的是，如果她只做太后，等时间稍长，等政权稳固，等政敌潜伏，她一定迷失。但是她做了皇帝、女皇，这份名不正言不顺的焦虑让她变得残忍而疯狂的同时，也拯救了她的迷失。

她没有被花言巧语所迷惑，也没有埋在小人们的笑脸里。

情夫冯小宝距离再近，立功再多，也没让他掌握实权。这个家伙素质不高，横行霸道，有一次他从宫里出来，迎面正碰上老宰相苏良嗣上朝，冯小宝没有对宰相行礼，结果被苏良嗣打了数十下，好一阵折腾。第二天小情人去女皇那里告状，女皇却说："阿师当于北门出去，南衙宰相所往来，勿犯也。"——你别惹他，那不是你应该走的地方……

酷吏们再誓死效忠，再干脆利落，但是毕竟只是打手，不能帮她治理天下，她从来不让他们进入帝国权力核心层。索元礼官止游击将军(从五品上)；老大级人物周兴止尚书左示(正四品上)；最杰出人才来俊臣止殿中垂(从五品上)、司仆少卿(从四品上)，从未做过宰相——

武则天是让他们"朝官侧目",但是从未让他们"左右朝政"。

并且,酷吏的非法途径也没有完全干扰正常司法程序。在国家的司法界,还存在一些端方正直之士以给予调和,如徐有功"以宽为治,不施敲朴",酷吏所诬构者,有功皆为直之,前后所活数十百家。如李日知为救一蒙冤的死囚,和酷吏索元礼进行抗争——"少卿索元礼欲杀一囚,日知以为不可,往复数四,元礼生气了,说:'我不离开这行,这个人终无生理。'日知反驳说:'我离开这行,这个人终无死法!'"这个举动最终还获得了武则天的支持。

同时我们更应看到的是,由于史官们的李唐正宗立场和对于出身低微的酷吏们的鄙视,对于这种统治手段恨不得一棍子加一锤地打死。其实,酷吏杀的未必都是好人,污蔑的也未必都是政治犯,有时候也"偶然正确"一下的。历朝历代,统治稳固之后,土地兼并与贵族腐败就在所难免。高宗李治当年为了让武则天当皇后,都赶着去舅舅家贿赂,可见当时朝政之上早已贿赂成风,而正是此时此刻,出了个不里不外的武则天,正要拿最上层的皇族贵族开刀,虽最终是为了自己的统治巩固,但是同时也让很多大号贪官死于这些愤青屠刀下,正是以毒攻毒的澄清吏治。

鲶鱼在游动……

《汉武大帝》里曾有这样一个场景:霍去病即使在出征期间也非常讲究,居然给自己配备厨子;而与之相对比的李广就简陋得多,是跟士卒同甘共苦的典范。汉武帝于是有意见了,质问这位年轻将领。霍去病却振振有词地说:为将之道,不在这些细节上,我好,大家好……

我从前其实是认同霍去病的,因为细节无关大局,事实摆在那里,大胜匈奴驱赶漠北的是霍去病而非一生未封侯的李广。但是几年以后,我突然发觉这位霍兄所说只是个借口,而自己也陷入了"成者王侯败者寇"的逻辑——霍去病所以能大胜,并非生活得小资,而是由当时大汉王朝的国力军力所决定的。

家天下的帝王之都，是敛天下之财力供一人的模式，面对丰富而庞大的资源，能够克制自己内心的欲望与偏好而力行节俭是件很不容易做到的事情。而早在武则天当皇后期间，高宗李治就向雍州长史李义玄夸耀说，自己的妻子穿的裙子不过"七破"——唐时流行一种"花间裙"，是不同颜色的布料拼接而成的，这些不同纹色的长帛条彼此相间地排列起来，就会呈现出多彩条纹的效果，因此叫做"裥色衣"。而长帛的颜色越多，就越发费时费工，当时武则天贵为皇后，也只穿由七条彩色长帛条相拼而成的裙子，一如当今收入上万的金领只买十几元的地摊货，可谓节俭。

称帝以后，史官和男人们喋喋不休指责的"大兴土木"，也不过明堂佛寺。但是，"明堂"不是游乐之宫，而是政治与宗教场所，各地所建的佛寺也只是大云寺一所，其他新修者的很少，大部分不过补旧罢了。

她执政初期的个人生活如果稍微过分点，史官们都不会放过的，可是没有。在登上皇位很长一段时间内，我们并没有见到一个穷奢极欲尽情享乐的女皇，而是一个公开情夫不过一个和尚，裙子不过七种颜色，宫殿不过明堂佛寺，除了政治与宗教目的，没有任何为自己享乐的举动的清醒女人，并且，还是个连太学士请假都要管的操心皇帝。

女性管理

天授二年（691），太学士王循之上表请假还乡，获得了女皇武则天的批准。结果宰相狄仁杰有意见了："彼学生求假，丞、簿事耳，若天子为之发敕，则天下之士几敕可尽乎？"

管理学上有个名词叫"层级管理",分有高层管理者、中层管理者、基层管理者三阶。在什么位置管理什么事情,各司其职,才会形成有效的管理模式。宰相们虽然没有进修过 MBA,但是人人皆深悉其道。有一次武则天问宰相元方外事,元方回答说:"臣备位宰相,有大事即奏,人间碎务,不敢以烦圣览。"这话本是对的,也符合传统管理学的基本原理,可惜这是位女皇帝,女性的思维里,直觉往往大于条理,何况作为女皇,如果不是大权独揽,事事操心,总是不能够完全放心的。因为本来走的就是众叛亲离的独行路,到了这个地步,除了自己还能相信谁呢?

但是这种女皇管理模式并非没有好处。随着科技的发展、网络的兴起,当西方近代传统管理的种种弊端开始显露的时候,女皇那创新的管理模式,反而在 1000 年以后,得到了微妙的回应与证明。

交流式管理。

传统上,是以男性为主的命令控制型的领导模式为主的,而女性因为本属于弱势群体,又是网状的发散思维,因此一般会采取跟下属坦诚沟通和交流的方式来处理问题(男性大部分交流能力比较弱)。众人出主意总比一个人出主意强,这样的方式反而比习惯于命令的男性领导方式更为事半功倍。

《大唐新语》里曾经记载这样一件事:名臣宋璟因为性情刚直,武则天想把他赶到外地去图清净,就派他去扬州审案,结果宋璟说审案子有御史呢,这不是我职位分内的事情——"请不奉制"第一次;然后又有幽州都督屈突仲翔贪污案,派他去审理,他说:这不过是个贪污案,又不是军国大事,不是我职位分内的事情——"请不奉制"第二次;后来又有一个肥差,让他跟李峤一齐出使四川,其他人高兴都来不及,可他又一次以"恐乖朝廷故事"(违反了朝廷法规)的理由"请不奉制"第三次……

请不奉制就是拒受诏命。武则天虽然在管理上显得有些事事操心的琐碎，但是同时也会多方纳谏。当时的监察官地位非常高，可以直接向皇帝弹劾百官，并且多次直指宰相，而且弹也不是白弹，有效率达80％。谏官地位也很高(监察官是针对百官，谏官是针对皇帝)，经常给女皇提意见，当皇帝下旨以后，还能"请不奉制"，拒绝执行。这都是在封建社会罕见的，偶然让皇帝们摆摆谦虚的架子可以，若真要违背皇上旨意来个"请不奉制"，多半也就表示"老子我不想活了"。但在武则天时期，这位多次拒受诏命的宋璟却安安稳稳活到了玄宗时代，成为开元时期的一代名臣。在不威胁地位的前提下，女皇还是喜欢并善于跟别人交流的，能多方听取意见，在管理模式中，体现了一个女性领导者的柔软与灵活。

任人唯能

天授元年(690)，当武则天如愿以偿穿上皇帝衮冕，登基称帝的时候，她的内心，未必不恐慌。多年的从政经验告诉她，在前方，一个庞大的帝国正在缓缓地奔驰在旧有的轨道上，而驾车的那些人，不论是从前的帮手还是对手，都将离她而去。

无数次教训，无数次背叛，看似满朝文武，其实孤身一人，而这个庞大的帝国，单单凭一人，又怎么能拖得动呢？她的眼光只能向下瞄准庶族——其实，她也未必就是今人夸赞的那个"英雄不论出身"的爱才女皇。就在小女儿太平公主出嫁的时候，她还挑薛家嫂子出身不高，说："我们的女儿怎么能跟田舍翁家做妯娌？"门第，其实，也是挑的，但是现在又有什么办法呢？

　　高祖留下的陇西集团,太宗留下的贞观旧臣,高宗李治留下的保守势力,甚至她自己做皇后太后培养起来的北门学士,都因为这惊天动地的皇帝跳跃,成了最危险的敌人。堂堂武周王朝,又不可能让那几个平庸侄儿和酷吏们的草包肚子支持运转,必须再找一些人,一些能不计较她出身的人,甚至不认识她的人,能直接把她当皇帝来对待,来效忠,来崇拜。而不是那些常常令自己无奈回忆起,其实本是才人、昭仪、皇后、太后,于今,是个有情夫的皇帝的尴尬的人——她想忘掉自己的过去,连同女人这个身份,一起忘却。

　　而这种忘却,也只能在那远距离的仰视里消弭殆尽。

　　天授元年,洛城殿外,上万士子云集一堂,各展奇才,二月十四日开始,太后(当时还没正式称制)亲自殿选,内容涉及政治、经济、军事、文化等各个方面。

　　太宗当年看着鱼贯而出的举子,曾经骄傲地说:"天下英雄,入我彀中。"当时也有人作诗:"太宗皇帝真长策,赚得英雄尽白头。"其实,我们仔细查查史书就知道,太宗时期的官员身份还是以功臣旧贵为主,真正科举入仕的也不过 224 人。当然也不怪他,虽然太宗也意识到:"朕年十八便带兵,二十定天下,二十九为天子,少从戎旅,不暇读书。贞观以来,手不释卷,知风化之本,见政理之原,行之数年,天下大治。"天下需要大量的人才来治理,但是有辛苦打下江山的功臣在那里摆着,有南北朝时期的各大高门士族在那里看着,优等的资源,门第的观念,故人的旧情,充斥在华丽的朝堂之上,太宗不能都清除干净了腾地方,除非像朱元璋那样厚黑不要脸,盖个谋反的罪名统统"走狗烹"了——太宗,做不到。

　　但是武则天则正好相反,她找不到人,那些能辅佐太宗、辅佐高宗的人,瞧不上这个出身不高身份不清的疯女人。从前的贞观旧臣都让她当敌人扫荡了,而后来的高宗班底,也渐渐跟她分裂,贵族子弟如裴炎的侄子，18岁被流放的时候见到她，都优雅地冷嘲热讽，可想而知那些连李氏皇族都未必放在眼里的山东士族、高门大姓，见到这位女皇帝是什么嘴脸了——她找不到人。

但是庶族寒族则不同，他们不像贵族，生来不愁吃不愁穿，可以清高优雅地赏花弄蝶，做官也不过是另外一种风雅而已；对于寒族来说，做官则是一种人生改变，一次重大转向。自古以来，富贵所趋，人之本性。五代十国的南汉皇帝刘岩，基于过度畸形的危机感（可能觉得太监就不会篡权了，因为无后），要求凡是中举的士子必须自我阉割才能做官，而就是这么变态，依然吸引无数才能之士前仆后继去获得练习"葵花宝典"的资格。

既然做太监都可以，皇帝是女的又有什么关系呢？

机会来了。

她亲自殿试贡生，考卷糊上名字来选拔可用之才；派出巡抚使，"天下选残明经、进士，及下村教蒙童博士，皆被搜扬"，本着宁可错选一千，不可放过一个的原则，把所有能用的人都网了过来；让大臣们举贤任能，以举荐贤良作为政绩考察的标准之一，并且开天辟地创制了类似试用期的试官制度，试用合格后再正式委任。凡引荐之人都给位置，正员数额不足又广置员外官，做好了正式录用，做不好立刻罢免甚至诛杀。总之，只要你说有才，就给你机会做，做不好别怪我不客气。

这是真正的任人唯能，也是作为一个女主的意外收获，因为无论是出身、经历，还是身份，都隐藏着一种难以言表的尴尬与来路不正。重重包围里，她不相信任何人，也不会让考官们跟学生有任何宗派师生之谊，不会让举荐之人跟被选人有任何拉帮结派的可能，权势富贵取之她一人，才干升降也取之她一人。既然反叛了传统也反叛了故有一切，那么在垂直选拔的单线联络里，摘除了故旧的羁绊与人情的牵连，摘除了任何危险的中间环节，只剩下了天地间一个干干净净的

"能"字。于是,这个让骆宾王们泪流满面的梦寐以求,这个在任何时代都很难完全做到,在封建社会更是难上加难的人才选拔理想,却在那个不安全感极强的女皇手里,做了一个最大化的完美呈现。

> 太后虽滥以禄位收天下人心,然不称职者,寻亦黜之,或加刑诛。挟刑赏之柄以驾御天下,政由己出,明察善断,故当时英贤亦竞为之用。
>
> 司马光·《资治通鉴》

人才"文人"

当骆宾王以天下檄文的方式讨伐女皇时,谁曾想,这也不过是一生悲苦的宣泄出口而已。而让人啼笑皆非的是,普天之下,也只有那个被骂得狗血淋头的攻击对象才真正地懂得——史载当时武则天瞿然而起,感叹"宰相之过"。人人都说这是爱才,但更多的应该是武则天对那十几年的才人生涯的一种理解、一份慈悲。从此以后,在她的天下,无数骆宾王会站起来。

陈子昂,就是其中一个,幸而不幸的一个。

才子,富豪之家而非高门大户,有钱但没权,父亲是仗义疏财的豪侠之士,而他自己原来是个纨绔小混混,后来街头遇莘莘学子,愧疚悔悟之下用功读书。二十几岁出道科举,因为没有文名没人捧而终落第,少年意气里,粪土当年万户侯,总觉得满街跑的都应该是赏识自己这匹千里马的伯乐,结果却是"今成转蓬去,叹息复何言"。

他是谁？千年以后我们知道是吟出《登幽州台歌》的大诗人，但是最初的他，不过是一个寻找机会的乡下佬。本来，在此时此刻的人生转机里，陈子昂要变成蒲松龄或者洪秀全式的人物，但是家族遗传的纵横家气质挽救了他。他的祖上，是陈平，西汉陈平。

对于纵横家们来说，目的会证明手段正确，陈子昂不缺文才不缺实力，但是缺平台。在洛阳那个高手如云的文坛世界里，他需要吸引眼球，抢占话语权，可是他不认识什么名人，也不知道该怎么钻营，怎么办呢？

炒作。

落第以后的某一天，陈子昂正在洛阳闲逛，突然看见路上围着一群人，挤进去一看，是一个卖胡琴的。本来卖胡琴没什么可惊讶的，但是这位卖主却标价100万钱，于是引起大家的惊讶，不知道这是把什么琴，居然卖到这个价格。陈子昂一看，知道机会来了，于是走上去说"我买了"。"此琴确实是人间仙品啊，明天我到某某地方，给你们演奏瞧瞧……"反差效应是炒作的第一步。

接着，陈子昂按时达到炒作点。此时100万钱买胡琴已经惊动京师，好奇心的驱使让大家都想来听听这把昂贵胡琴的仙乐是怎样的，而正当众人翘首以待的时候，陈子昂突然把胡琴摔粉碎——传播心理学认为某个事件在大众心理如果留下痕迹，必须要持久到一个月的时间，陈子昂当然没办法持久一个月，但是他胜利地又加了次"反差效应"——辛辛苦苦买的百万胡琴居然摔碎了。于是，大家更为吃惊。就在注意力集中的时候，陈子昂说了一番话："我虽无二谢之才，但也有屈原、贾谊之志，自蜀入京，携诗文百轴，四处求告，竟无人赏识，此种乐器本低贱乐工所用，吾辈岂能弹之！"说着，把自己的文稿分发给众人……

于此之时，炒作成功，终于声名鹊起，闻名洛阳。

当然,如果陈子昂没有这份实力,炒作以后则会是个笑柄,但是事实证明确有奇才,其文到处被人传抄,街头巷尾诵读不息。据说当时就有幽人王适见而惊呼:"此子必为文宗矣!"

第二年科举,金榜题名。

武则天终于与他,相遇。

按理来说,这是武则天最需要的那种人——身负奇才又无性别偏见,一腔抱负而富贵只系于己,是最让人感到安全的官员,也是武周帝国最急缺的人才。

似乎,开始是这样发展的:

684年,陈子昂高中,进入仕途,适逢高宗崩于洛阳,大臣们正在为是否送皇帝回长安争论不休,陈子昂写了《谏灵驾入京书》,提出自己的见解:路途太远,劳民伤财,不值得,最好安葬于洛阳。此文峥嵘初露,果然被爱才的武则天赏识,召他问政。陈子昂侃侃而谈,武则天非常高兴,说"梓州人陈子昂,地籍英灵,文称伟煜",然后任命为麟台(即秘书省)正字(类似领导秘书)。

陈子昂终遇明主,内心抱负得以施展,强大的责任感让他时时进谏,如武则天想在四川开道攻打羌族,他上书《上蜀川安危事》为民请命,希望太后爱惜民力等。当时武则天也算是从谏如流,君臣关系颇为相得,又加上武周革命的时候,陈子昂上《大周受命颂表》,毫无性别门户之见,对武则天的跳跃表示欢迎,着实让武则天惊喜了一把,没想到这位书呆子居然是真心拥护她本人,于是立刻升官为右拾遗……

千里马,遇伯乐。

只是后来这种关系发生了变化,武则天酷吏政治,他跳出来反对,说:"滥及良善,则淫刑逞矣!"武则天要攻羌族,他又上书反对。作为皇帝谏官,武则天多次问政于他,但是等他高谈阔论之后,该做啥做啥,"奏闻辄罢"。

他内心失落了，但是还是不甘寂寞的人，想抓住一切显山露水的机会。

有一次，京城发生了一件轰动大案，御史大夫赵师韫在出差的时候，被人在小小的驿站杀死。凶手居然是一名驿站仆人，叫徐元庆，因为赵师韫枉杀其父，所以隐姓埋名，伺机报复。这个案件牵扯礼法冲突，为父报仇是孝道，而小民杀官是大罪，因此引起了广泛的争论。很多人怜惜罪犯一片孝心，想宽赦这名犯人。但是陈子昂不同意，他发表意见说，徐元庆犯了国法，就应该治罪处斩，以证公道，但是同时他又是为父报仇，所以在治罪之后，应该予以表彰，以证民心。此议得到大家一致拥护，让陈子昂又露了次脸。

但是不知道为什么，他参政议政却一直不能入主中枢，而军功显然是一个非常好的捷径。于是在公元 696 年，契丹在营州发动叛乱的时候，他申请跟随建安郡王武攸宜率军东征契丹，在军中做谋士。因为主帅无能，屡遭败绩，陈子昂忍不住数次进谏，提出自己的行军方案，但是武攸宜觉得他不过一个书生，所以没有采纳，后来被陈子昂啰嗦烦了，一怒之下将其贬为军曹，只管文书。

回来依然不顺，觉得怀才不遇，于是自动以父老为名辞官，但是武则天怜惜他的才华，依然让他挂职退休。结果回家乡后得罪了县官，因为纳贿太少，被县官段简寻机收狱。最后，一代文豪终于病死狱中……

千里马遇伯乐？

现实误差

有多少人，活在自我设计的圈套里？

有多少女人，幻想成为韩剧女主角，走在街上都能捡到帅哥，另外附赠金钱若干多；不小心穿越，遇到的不是皇帝就是王爷，不管你多烂却总会万千宠爱集一身；就连化身杜拉拉，获得爱也是因为性格倔强可爱——可在现实的职场里，你给我倔强试试？

武则天是女人。

有多少文人，意淫成诸葛亮，让主子三顾茅庐才扭捏作态地出来指点江山；连才高八斗加一斗的大诗人李白，也从来不把坐标寄托于文学，一生耿耿，不过干谒、示忠、投诚、效劳，到死都申请要跟随军队西征，以为自己安邦救世之才，有一天可以出将入相"济苍生、安社稷"……

陈子昂是文人。

此时此刻，女皇需要的正是不计性别出身的人才，陈子昂需要的正是不计出身门户的帝王。按照道理按照逻辑按照性别按照思维，正是千里马对伯乐，而为什么却落得个"斯人独憔悴"？

因为误差。

约翰博士说，女人更容易生活在幻想里，生活在未来，而可怕就在于，无论是言情小说还是电视剧，一遍一遍，忽悠无穷动……

一位学者这么说："那些激进的人士，出身于文学却不谈文学，但是又以文学思维来处理社会政治经济问题，证实了这一点。以作家及具有作家习气的人士为人格代表，期望完美政治的文人政治思维，在其论述社会政治经济文化问题上面所表现的激情,确实能够获得感染人的力量。但其后果却未如他们的意。导致这种悖谬的原因,最根本的一条,就是他们混淆了单纯的道义逻辑与复杂的政治逻辑、文学的描述语言与政治的分析语言、期于完满的个人美德与期于健全的公共道德的界限。因为在作家身上引为美德的东西,在政治家身上有时却是罪恶,那些常使人写出优美著作的事物,却能导致庞大的革命。"

而可怕就在于,古有士子科举,今有"以天下为己任"的精英,自以为才高八斗、气贯长虹就能经天纬地,一遍一遍,忽悠无穷动……

这个世界很多人活在自我设计的圈套里,陈子昂是才高八斗,是一代文宗,是初唐四杰,只是,武则天虽然喜欢、怜惜,但只能旁观。因为政治逻辑与文学思维是两回事,多年拼杀于权力场里的武则天,早已升级修罗界——如果尼姑庵里,她自恃魅力无敌幻想李治能飞蛾扑火,那现在就不用坐在这里做高高在上的皇帝,早下世投胎去了;如果后宫之内,她指望王皇后顾念旧恩,倚为靠山,那现在早被后妃们当垫脚砖用了;如果做太后之时,她幻想亲情孝义,早被权臣孽子扔在一边凉快去了……这一路拼杀,不现实,就得死。

权力场不是道德秀,谁不知道明君圣君该怎么做,谁不希望搔姿弄首做仁德之主? 但是,做得到吗? 说是停止告密,阻止酷吏统治,那这些眼儿鼻子恨不得吃了你的朝臣们怎么对付? 一个女人家身处包围中,就不许养几条疯狗来自我保护? 不惜民力开隧道攻打羌族,是威吓周边也是为了打通南路,天下大事,即使如你陈子昂所言能"why"(原因)了,可是"how"(具体该怎么做)?

什么都没看到,只看到一篇激情洋溢文才并茂的道德说教和仁政乌托邦,如果皇帝是《侠客行》里的白自在,陈子昂估计能如愿以偿当宰相。可他面对的,是一路拼杀出来的女皇武则天,女人式的不现实幻想早在做才人时期就已沉寂,做尼姑之后更是消弭殆尽。后宫之战、朝廷之争、亲子之伤,哪一场不需要血淋淋的现实理性精神的支撑?

不现实,就得死,你吹到天上去又有什么用?问政几次之后,武则天就知不合适,这是个文学青年,跟复杂黑暗的政治不搭边,但是其才可悯,其心可怜,因此几次召见,听听遥想里的乌托邦,意淫一下共产主义式的大同世界,如此而已。

女性幻觉思维对付职场,文人文学逻辑对待国事,都是一样的精神可嘉、滑稽可笑。当下既可以列一个长长的忽悠受害女名单,古代也可以列一个长长的文人失败史:陶渊明、杜甫、柳宗元、刘禹锡、苏东坡……太多太多了,真实世界里,理想与现实,永远一墙之隔却天人永隔,文化过多则容易迷失于理想而消化不良。有人这么玩笑,打工仔会比学者,更务实。

骆宾王,已矣。

人才"女人"

陈子昂的理想,另外一个人帮他实现了,一个女人——上官婉儿。

这个女人的祖父,正是当年做了李治与武则天夫妻博弈牺牲品的上官仪,得罪武则天后被杀,孙女婉儿与母亲郑氏被配入后宫掖庭。一开始,是身份卑贱的罪臣贱籍,在后宫成长到 14 岁的时候,因才华被武则天赏识,消除贱籍,命掌管宫中诏命。她的一生:才女、文人、宰相、仇敌、李唐、武氏、宫斗、政变,是个抛物线式的怪圈。

本来跟这位女皇是仇深似海,后宫 14 年里,母亲郑氏时时陪在身边,即使入宫之时年幼无知,满门血案怎能不记。这许多年以来,很难想象在这位天赋奇才的少女心里，有多少自卑的压抑与仇恨，有多少挣脱命运牢笼的不甘与愤懑。

而这许许多多的幻想与仇怨，在见到那个人的时刻，变成了种种错愕的心机。据说武则天当场命题，让其依题着文，她文不加点，一气呵成，而且文采飞扬，让人叹服——这么多年的等待，她怎么肯？

年少轻狂，仇深似海，却屈意媚主，让人不得不怀疑……这也许本来是一场处心积虑的复仇谋杀，而正史里隐隐绰绰记载，奉命掌管诏书不久，忤旨当死，但是武则天怜惜其才，并没有杀她，只是黥其面尔。短短几个字背后，又掩藏着多少惊心动魄的变故？

她是个文人，后来劝谏中宗设置文学馆也罢，搞文学活动文学沙龙也罢，都在表明这是一文学青年、文学女青年，有才气，有骨气，有恨气，却被留在仇敌的身边。我们可以想象，见面之时的偶露峥嵘，必是拼死报家仇的小孩心性，不久以后的那次忤旨，则是一次复仇失败的借口，一个总比谋反更可宽赦的借口。

因为武则天不想杀她。

她的家族已经被自己灭掉，无依无靠，不过母女相依为命，很难再跟任何政治集团相牵连，并且女孩如此年轻，为奴多年，居然学得满腹经纶，生命激荡，恩怨分明，不正是自强不息的武才人再版吗？

天下茫茫，知音难求，大位之上，才知原来"寡人"——周围人怕她敬她恭维她；亲族们早已老鼠见猫，不会跟她说几句真心话；男宠冯小宝识字不多，也不过是让人开怀的玩具；大臣们是外廷人，朝廷利益复杂难测，没必要为拉个家常话就去引起党争若干。而这个能表露自己真心的倔强女孩，却突然让她获得了一种奇特的安全感与轻松感。

常年穿梭在男人的世界里，无论是治理天下、制定政策、颁布诏令，每次望向自己的眼睛里含着什么，武则天很清楚；宰相那么多，朝臣那么多，几十个几百个，他们在想什么，武则天也很清楚。有时候，自己那灵机一动的乍现,有时候,那女性直觉里的创新,有时候,那神来之笔的动作,有时候,那谋定后动的决断,都能在那些惊讶而不知所措甚至带有鄙视的眼睛里,找到无法沟通的明证。

可是婉儿不同,她们是一类人,虽然武则天在修罗界,婉儿还在人间混,但是底质材料基本一致,她们都是,站在中间,看世界。

武则天,太寂寞,她太需要一个帮手来理解和协调一个女人的武周天下。

婉儿正是最合适的那个"人才",同时,多年的相依为命,主仆之间建立起了一种奇异的羁绊。一如《宫女谈往录》里那位伺候慈禧的"荣丫头",在18岁被老太后指婚太监后,一直守着这份承诺,即使太监丈夫在她30岁时已病死,依然矢志不另嫁而终老……

我们看婉儿的后半生,武则天去世时,她已经年近40,嫁给中宗李显做昭容,专掌起草诏令。奔走于韦后、武三思、太平公主与相王李旦等权贵势力之间,依靠韦后、武三思贬杀了张柬之、桓彦范、敬晖、袁恕己等逼迫武则天退位的功臣。因为诏书里经常推崇武氏而排抑皇家,惹怒太子李重俊。景龙元年(707)七月,太子发动政变,发左御林军及千骑三百余人,一路扑杀武三思与其亲党十余人,又统兵三百余,搜杀上官婉儿。婉儿急中生智,跑到中宗和韦后处挑唆:"观太子之意,是先杀婉儿,然后再依次捕弑皇后和陛下。"中宗情急之下带着韦后、婉儿和安乐公主登上玄武门躲避,并令右羽林逼退太子军,于是太子兵败。

不久,婉儿怂恿中宗设立修文馆,召天下才子赋诗唱和,大臣所作之诗,皇帝让婉儿来进行评定,名列第一者,常赏赐金爵……后来允许她在宫外置所,于是跟武家所属的大臣崔湜私通,积蓄男宠,丑名四逸。

中宗死后,韦后想挟天子以令诸侯,太平公主与侄子李隆基联合发动政变,诛杀韦后及其党羽,婉儿在军乱中亦被杀。玄宗李隆基登位之后,追念其才,下令收集诗文而辑成 20 卷。宰相张说作序:"古者有女史记功书过,复有女尚书决事言阃,昭容两朝兼美,一日万机,顾问不遗,应接如意,虽汉称班媛,晋誉左媪,文章之道不殊,辅佐之功则异。"

她的一生,太多人注重其才(诗文成集),太多人注重其貌(如额头毁容而雕成梅花事件),太多人注重其淫荡(私通大臣),太多人注重其地位(女皇秘书的宰相地位)。或许不经意间,也有人注意到那人性的缝隙,说她不过是一小小女子,在后宫与政治险恶斗争里求生而已。但是,是否有人想过,在那私通大臣、举办文学沙龙、积蓄男宠、抑李扬武的背后,哪一条,哪一个,不倒映着武则天的影子?

本是李家人,与武家血海深仇,只是年月太久了,跟那个天龙之表的女人走得太久,太久了。一生里,太多夜深人静处,跟男人们的处政方式与思维天下,斗智斗勇,那个女人的艰难、那个女人的焦虑、那个女人的锋利与那个女人的自卑,她走得太近,看得太清,懂得太多。几十年,一生,太久。

她忘记了自己本是上官家的婉儿,她只记得,自己是武则天的仆人、秘书、助手和同伴,这一辈子的使命,就是贯彻那个女人的旨意,让那个女人的天下,千秋万代……神龙政变之后,女皇驾崩之时,所有人都知道这个女人的时代已经逝去,只有她,还活在梦里,活在武则天的影子里,不觉得,也不想觉得。

还记得吗,韦后想要女主天下的那些祥瑞,不正是女皇曾经用过的权谋?

还记得吗,那些诗歌比赛,那些文学沙龙,不正是女皇晚年欢乐的艺术圣地?

还记得吗,那些男宠,不正是女皇曾经拥有过的谄媚与安慰?

还记得吗……

婉儿的一生,有些梦,太久。

人才"大臣"

在武则天的眼里,婉儿恐怕是最如意的臣下,她懂她,并且崇拜,既没有陈子昂们的"我是天下奇才,你得供着我"的文人得瑟,又没有谄媚权臣的满腹狡诈,一心一意,一生一世,武则天,真的很喜欢。但治理天下显然不能只有婉儿,偌大的一个帝国,还需要另外一种人。

大臣。

《反经》上说大臣的含义是"虚心尽意,日进善道,勉主以礼义,谕主以长策,将顺其美,匡救其恶"。而能做到这些的,却是不可能剔除正统观念的那些人——那些贵族和正直士子。

唐朝是中国封建社会的转折期,是魏晋南北朝的贵族统治转入官僚的分裂期,科举刚刚产生但并不普遍也不占核心,朝政由贵族把持的机会相对更多。而在教育体系里,家教、家风、家学传统依然占有优势,这些优势在换代时期是不会轻易退却的。一个贵族出身的子弟也许会纨绔不堪,烂泥扶不上墙,但是更也许,在精英教育与高等文化熏陶下,在政治觉悟与韬略之计的传承下,比那些小门小户的寒族士子,更为出类拔萃。

可惜的是,武则天治国需要的,正是这种人。

退一万步说,就是她杀光了所有贵族,那些刚刚上来的庶族地主们也无法帮她运转起整个帝国,因为他们如果是"正直之士"就很难根除传统理念。门户之见、性别之偏,所有的转轨都需要一段时间,而历史只给机会没给时间，太短，太少，太仓促。她没办法，这些人不能不用，但是，也正是这些人在传承了优秀资源的同时更传承了正统理念——他们在告诉她，自己是一个来路不正的主子，那么"how"？

永昌元年(689)八月的一天，炎炎烈日炙烤着神都洛阳的街道，一名黄衣使者一边急马奔驰，一边焦急地高喊："太后有旨，刀下留人！"听到这句话，人人皆有喜色，传至刑场，更是一片欢呼，不仅犯人手舞足蹈，叩谢天恩，连刽子手也提刀念佛。而只有一人十分冷静，只见他身穿白色囚衣而一尘不染，神色淡定，微微而笑，仿佛是出行重大而高贵的祭祀礼仪而非上刑场砍头，待到旁人给他解下刑枷，顺手弹了弹身上的灰尘，才徐徐跪倒谢恩……

他叫魏元忠，庶族出身，军事入仕，高宗李治时期曾经就吐蕃问题上过书，扬州平叛时又为武则天立下奇功。圣历二年(699)任相后，多次被武则天任命为大总管，对付吐蕃和突厥等外患。史评成绩："元忠在军，惟持重自守，竟无所克获，然亦未尝败失。"就这么一人，《旧唐书》说他"坐弃市流窜者三"，《御史台记》中说他前后"坐弃市流窜者四"，政治仕途风起云涌，柳暗花明一村又一村。

长寿元年(692)，被来俊臣诬告，判死刑，负责推案的是他的部下酷吏侯思止。因为魏元忠坚决不认罪，侯思止一气之下把魏元忠头朝下吊了起来。魏元忠依然不屈服，说："你要我的头现在就可以割走，何必要我承认谋反。"后来因为狄仁杰的智慧，此祸得免。五年之后，再次启用。有次宴会，武则天笑问："你怎么老被人诬告？"魏元忠回答："臣是一只鹿，罗织之徒要用这只鹿熬肉汤，我又怎么能避免呢？"

武则天真的不知吗？

狄仁杰，一代名臣，贵族之后，科举入仕，初任并州都督府法曹等地方官，因为政绩突出，受到女皇赏识，天授二年(691)入相，被任命为地官(户部)侍郎、同凤阁鸾台平章事。不久，被武承嗣勾结来俊臣诬告下狱,为了求活,当来俊臣推按是否谋反时,狄仁杰立刻承认"大周革命,万物惟新,唐室旧臣,甘从诛戮,反是实!"因为有一条法令说:"一问即承反者例得减死。"来俊臣没想到狄仁杰这么乖巧,于是放松了警惕,没有用刑而只是将其收监,待日行刑。

不防狄仁杰暗中捣鬼,将申冤书放在棉衣里,让家人持书上告,于是武则天把这些大臣提出来,亲自审问"为什么要承认谋反"。狄仁杰苦笑:"如果不承认,臣早死在鞭笞之下了。"武则天又问:"为什么做谢死表?"狄仁杰回答:"臣无此表。"武则天令人拿出谢死表,弄清伪造。于是下令释放……

武则天真的不明白吗?

1849 年 4 月 23 日陀思妥耶夫斯基因牵涉反对沙皇的革命活动而被捕,并于 11 月 16 日执行死刑。在行刑之前的一刻才改判成了流放西伯利亚……这位伟大的俄罗斯作家从此就有些不太正常。

如果你已经被判死刑,蒙上眼睛,做好心理准备,知道自己将要离开这个世界,内心不管是坦然还是焦灼,也只是等待的过程问题。那个时候你想,死就死吧,反正一切很快将过去……突然,有人告诉你,你可以活了——你会怎样?

经历死亡会对一个人的生命产生多大改变,你去美国那些死里逃生团体聚会里看看就知道了。生命很脆弱,瞬息之间就可能消散一切,古来宗教也罢、艺术也罢,都在试图阐释着、缓解着这样一种死亡焦虑。而我们大多数人,却常常活在未来的幻觉里,以为自己长命百岁千秋万代,因此常常坚持一些虚幻的信仰、一些腐朽的理念、一些根深蒂固的偏执,直到死神让你觉悟。

武则天死过,尼姑的经历让她重生,生命的焦虑早已让她看破了一切,再回头,看那些可用之才却拘泥于传统时,她心里会想什么?

尼姑庵。

在生命的历程里,既然我已走过,你们当然也要去溜溜腿,一如魏元忠式的临刑时的法场赦免、狄仁杰式的魔掌求生。经历过不疯即死、不死即疯的生命极限,消磨掉那些骨头里的传统棱角,消磨掉那不服女主的男人傲气,消磨掉那迂腐的道德说教,一起,进修罗界吧。

于是,女皇慵懒地坐在皇位上,面对着魏元忠或者狄仁杰们,问:"爱卿,为什么你总被诬告?""爱卿,为什么你要承认谋反?"

问完,一脸无辜的天真无邪。

折腾死你!

软硬不同

当然,也有免于折腾的聪明人,娄师德。

这个人在历史上因一个成语而出名。说其当宰相的时候,弟弟授任代州刺史,将要启程的时候,娄师德问他:"我都当了宰相了,你又当州牧,荣宠过盛,人家会嫉妒的,你将何以自免呢?"他弟弟跪下说:"从此以后,即使有人往我脸上吐唾沫,我也只是把它擦干净,不会生气的,哥哥不必担心。"娄师德突然忧虑地说:"这正是我担心的,人家唾你面,那是生你气,如果你擦了,违背了别人的心意,会更加生气的,所以人家唾的时候,不拭自干,当笑而受之即可。"——唾面自干。

武则天这样的主子,猜忌心理是非常重的。一如三国里的曹操听到隔壁人言"缚而杀之",便断定人家要杀他,于是拔剑直入,杀了人家全家,直到最后却发现人家要杀的不过一头猪而已。但是这也不怪曹操,他正在逃亡路上,谁擒获他都会得到官府的赏赐,在这样的心理环境下,他听什么可能都像在暗算自己。武则天女性主政,后宫出身,屡遭背叛,亲族们被杀的杀,贬的贬,人际关系糟糕得不能再糟糕了。在这种心理环境下,让她起疑是件可怕的事情,这些可用的大臣们稍微有点棱角,都会被她抛进酷吏们的鬼门关一游,挫挫锐气,抖抖神气,该活的会活,该死的会死。

在这种环境下,唯一能不受折腾的法子,就是娄师德的"唾面自干"。中国是个人情社会,是非常注重人际交往的,娄师德的原则是不管大小,他都礼让,不管高低,他都不得罪,那么就没有多少人会在武则天耳边说什么,也就没有多少机会能让武则天起疑。

首先,是有本事,皇帝不得不用。

以军功入相。高宗时期,吐蕃成为边疆大患,当时招募勇士,娄师德以文臣参军。在青海之败后,能及时收拾败局;在白水涧之战里,又能八战八捷。高兴得武则天下诏夸奖:"卿有文武才!"

武则天在位时,非常重视储粮备战,娄师德主管北方营田十余年间,在储备粮食方面取得了巨大成绩。正因为边镇兵士,粮食充足,免去了转运粮草的麻烦,所以在后来武周跟突厥西域争霸过程中,取得了收复安西四镇的重大胜利……

其次,是不得罪任何人,哪怕小人。

做纳言(副宰相)的时候,有次巡查屯田,出行的日期已定,娄师德因为腿有毛病,就让部下先启程,自己一个人站在光政门外的大木头上等马。不一会儿,一个县令过来,因为不知道是宰相,所以跟他并坐在一块木头上,结果手下人跑来告诉他"这是宰相大人",县令大惊,连称死罪。娄师德则回道:"人有不相识,法有何死罪。"

后来到了灵州,娄师德在驿站吃饭,其部下判官告状:"驿长不给喂马反而跟我争执起来。"娄师德就叫来驿长批评:"判官与纳言何别?不与供给?索杖来。"吓得驿长连忙叩头求饶。娄师德却说:"我本想打你一顿,但是宰相打驿长,于我名声有损,也就算了。"驿长汗流浃背，狼狈而去。娄师德望着他的背影，对判官说："我算给你出气了。"众人叹服。

《朝野佥载》记载，当年他任兵部尚书时，巡视并州。入境后，近处官员都来迎接并设宴款待。在吃饭的过程中，娄师德突然发现自己吃的是细粮白米，别人吃的是粗糙黑米，就把官员叫来责备："怎么用两种食物来待客？"官员很惶恐，回答说："因为没有太多白米，所以先给长官吃了。"娄师德说："客人主人都是一样的。"便换了黑米和大家一起吃。

有次做监察御史时，视察陕县，当时正旱灾求雨，所以禁止屠宰，娄师德却发现席间有羊肉，于是责问。厨子狡黠地回答："不是杀的，是豺狼咬死了捡来吃的。"娄师德只好笑笑。一会儿厨子又端来红烧鱼，故意说："它也是被豺狼咬死的。"娄师德大笑道："你为啥不说是被水獭咬死的呢？豺狼怎么可能咬鱼呢？"

再次，是更不得罪大人们。

有一次跟同僚李昭德一同入朝，他因为身体肥胖，行动缓慢。李昭德不耐烦了，怒骂："真是个田舍翁。"娄师德却笑着说："我这样的人不是田舍翁，谁是呢？"

狄仁杰当时很有才能，娄师德屡次竭力举荐，但是狄仁杰并不清楚，反而因为娄师德是武将出身，非常瞧不起他，一再排挤。武则天有次就问他："师德是不是一个贤能的人？"狄仁杰说："是个谨慎的将领，但是贤能不贤能，我不清楚。"武则天又问："他能识别人才吗？"狄仁杰说："我没听说过。"结果武则天把娄师德曾经推荐狄仁杰的奏章拿了出来，狄仁杰十分愧疚，说："娄公真是个贤德的人啊，我却不能容他，跟他差远了！"

这两位有骨头的大人物都进过酷吏的地狱，一个委曲求全连施妙计逃出生天，另外一个却死于非命——李昭德。

李昭德的骨头太硬，硬得武则天很没安全感。

她也曾信任过他，当武承嗣在她面前说李昭德坏话的时候，她说："自我任昭德，每获高卧，是代我劳苦，非汝所及也。"其实，也是想器重的，但是有些事情，做得太硬，硬得让她不安心。

李昭德在武则天面前说武承嗣权位太重，要小心提防。武承嗣为了当上太子，撺掇恶少王庆之等游行上表。王庆之屡次求见，都"以死泣请"，想让武承嗣当上太子，开始武则天并不反感，甚至有点欣赏，但是后来王庆之做得太假，让武则天烦了，命李昭德把他打出去。这正中李昭德下怀，跟下人说："这个人想废掉皇嗣（李旦），还不赶紧给我往死里打！"结果，此人被打死。

按照史书的说法，"酷吏恣横，百官畏之则足，昭德独廷奏其奸"，李昭德当时庇护了一大批李氏家臣，并且在武则天面前极力陈述"立子不立侄的合理性"。有次，有人在洛水得到一块长有红点的白石，然后当祥瑞进贡，别人都好奇，只有李昭德斥责说："此石赤心，洛水中余石岂能尽反耶？"大家都笑。对于酷吏们的作为，李昭德每次都直言进谏，毫不避讳，并且对他们侮辱嘲笑，还利用时机除掉了侯思止这样的酷吏……如此种种，最后都化做了女皇眼里的刺，太多的暗中掩护，让武则天感到了不悦、不妙和不安，终于借来俊臣和武承嗣之手，邀请他到鬼门关逛街去了。

而他毫无反应。

他人缘不好，不仅酷吏外戚，连满朝文武都因为其性格过于专断，说话又直言不讳，向着他的也不多，又加上种种作为太明显地偏向李氏皇族，让武则天不得不多心。让雄猜之主泛起涟漪就得下狱，而下狱之后如果不想办法消掉棱角，就得死。

延载初年，他跟自己的老朋友来俊臣一起下狱，同日而诛。当时天降大雨，来俊臣的尸体被老百姓挖眼剥皮了，而对贤臣冤死则是悲痛,可是他,还是死了。

没办法的事情,他的骨头太硬。而那种硬,暗示着不妥协,不服从权威,梗放在女皇的喉咙里,让她想起来坐立不安。他,只能死。

成绩优良

还在几十年前,太宗在宫中举行盛大宴会,被逼退位的高祖李渊也被邀参与。席间,臣服的突厥酋长载歌载舞向太上皇敬酒,太宗望着老爸,脸上带着心照不宣的微笑。玄武门之变,这位名不正言不顺的二皇子杀了哥哥登上大位,在太宗的心里,一直是有心病的,有时候,这种心病化作贞观之治的清醒,而此时此刻,却化做了一种交代——当年李渊曾经对其称臣的突厥,如今被儿子打败,反而向他匍匐……我,秦王李世民,才是最适合这个位置的人,不是吗?

> 人类所有行为都是出于自卑感以及对自卑感的克服和超越。

> 阿德勒·《超越自卑》

同样在被来路不正困扰着的武则天心里,也憋着一口气,并且憋得比太宗要长、要久、要沉重。太宗不过违反了传统之一——嫡长子继承制,而武则天却把整个传统(男权社会核心)掀了个底朝天。说起推翻那些"大山",那可比太宗憋屈多了,不是吗?

她频频改年号,"从公元 684 年临朝至公元 705 年退位的二十多年间,曾经使用过 19 个年号,几乎每年更换一次,甚至一年改了两次,这是历代皇帝绝无仅有的。并且屡屡给自己上加尊号,垂拱四年五月,加'皇太后加尊号曰圣母神皇';天授元年,'加尊号曰神圣皇帝';长寿二年九月,'上加金轮圣神皇帝号';长寿三年五月,'上加尊号为越古金轮圣神皇帝';证圣元年一月,'上加尊号曰慈氏越古金轮圣神皇帝',同年九月,又'加尊号天册金累圣神皇帝'……"(《武则天改制及评价》)

她给自己起名为"曌",取日月当空,临照大地之意。她采用宗秦客所献的新字,颁行全国,很快流传各地,甚至边远的新疆吐鲁番地区都印记着她的新文字的痕迹……

这些与祥瑞联系紧密的年号,这些夸张而神圣的尊号,这些新式新样的字型,无一不透露着一个拖拽着庞大帝国的女人焦虑而急不可待地希望上天能对她和她的新朝予以承认的祈求。而意外收获却是,那些伴随着的大赦与免除租役,给百姓减轻了些许苛捐杂税的负重。

她新置很多官职,如浑仪监、里行和拾遗等,又大量增置了许多试官。同时,为了适应新的形势发展,同时也是便于直接控制,她增设了很多使职,如存拢使、营田使、督作使、飞龙使、防御使、闲厩使、采访使,等等,在行政职能不太顶用的地方,可以灵活遥控。另外,为了防止权臣位重,她干脆弄了内阁议会——宰相们出身不高而且人数众多,一共用了75员宰相,任期短、流动快,长则一两年,短则十几天……

有这样一段有趣的分析:为什么女人爱听"我爱你",男人却不肯说?因为女人的大脑思维结构使她的世界充满感觉、情感、交流和语言。女人凭她的感觉知道,她是处于依恋阶段还是坠入爱河,而一个男人不能完全确定什么是爱情,可能分不清欲望、迷恋和爱,他所知道的只是不能放弃这个女孩……也许这就是他想象的爱情。在这种关系维持几年后,男人才认识到自己是否在恋爱。而女人知道爱情是否存在，所以大多数关系是由女人结束的。

这是种思维模式的差异，男人是凭借逻辑、条理和概念面对世界的，而女性则更多依靠直觉，因此如果作为领导者，男性会更加稳定更加遵循传统（因为传统是稳定的、成形的、理性的）。但女性就会像个艺术家一样喜欢灵机一动，因为凭借超越逻辑概念的直觉，她们会对目前存在的制度有着不寻常的创新。

不可否认，政治上的武则天因为不放心，因为想直接集大权于一身，所以创制了各种官位，创制了宰相议会制。但是也不可否认，凭借着这个女人勇敢无畏的创新开拓，李唐制度在新的女主主持下，甩掉传统的累赘，呈现了前所未有的灵活机动与生机勃勃……

为了不给老百姓增加负担，武则天下令边防驻军垦荒屯田以自给，解决了驻守边远地区军队的军粮问题。中国以农为本，农民向来是造反的主要动力，武则天以女性改朝换代，引起了贵族们的造反，但最终能够镇压下去，其实多亏农民兄弟够义气，没有出力帮忙，所以她也十分感激——光宅元年（684），下令奖励农桑，并以此作为地方官吏治绩的标准。如果耕地好，农民有粮食吃，就升官，如果背井离乡，让人家当了游民，你就去游民！根据史料统计，唐高宗永徽元年（650），全国有 380 万户，而到神龙元年（705）武则天死时，户口增长已达 615 万户。

女性天生不爱动枪动刀，跟驰骋沙场、爱显英雄的太宗不同，也跟跃跃欲试、想超过父亲的高宗不一样，武则天对于周边，交往欲更胜于征服欲。女人的政治往往更善于沟通和理解，因此，她虽然继承了太宗高宗时代于周边领域的霸权，但是同时，也根据当时的国际形势，做了适当的调整，在强硬中透露着温和……

对外作战中，东线初期，坚定不移要取得在朝鲜半岛的优势地位，后期因为西线吃紧，所以进行了一定程度的政策修正，转向与半岛的和平共处。西线则跟新兴的吐蕃争夺西域霸权，几经反复拉锯，终于以 692 年王孝杰收复安西四镇为标志，结束相持局面，西线局势一度得以稳定。

总的说来，这位女皇更喜欢和平，并且是"和平共处五项原则"的"和平"，并不是后人指责的"息兵"软弱。唐朝发展到武则天时期，对外扩张的力量已经不足，采取守成是正确的姿势，而且武则天有礼有节，不听话就不惜一切往死里打，退一步就跟你友好往来，因此她的统御之下，往往更多地看到"四方朝贡、多方交往"的格局。

可能，在这样一个女人的心里，不能亲自带兵打仗就得不到那种万军之下唯我独尊的优越感，因此不像男皇帝那样野心勃勃。悲天悯人的妇道心肠让她更加趋向和平解决问题，而不是战争与暴力。她不是软弱，真正的强大是怀柔，不是吗？

史学家郭沫若称赞她的统治是"政启开元，治宏贞观"，大唐从贞观到开元一百多年，盛世之下，一半以上都在她的统御之下。那个时代，那段历史，不管有多少非议，多少阴谋诡计，多少心狠手辣，多少恩仇旧怨，历史老人还是很客观地在告诉我们，社会经济在上升，国家实力在强盛，无论是人才储备、经济人口、军事边疆，一个真正的开元前世正在徐徐降临。

太宗，也不过要证明给父亲和旧臣看，而武则天却要证明给天下看，她，一个女人，同样可以文成武德，可以创造一个新的王朝。她是认真的，并且，成绩优良。

不容易。

生命掉头

一个梦,可以做多久?

当延载元年,大将王孝杰击败吐蕃突厥,当重收安西西镇,四方胡族自掏腰包建立天枢,以歌颂她的文成武功的时候,她是否看到了太宗的微笑?漫长的等待与不择手段,不就是为了这一天吗?那普天之下的匍匐,不正是一个女人,一个人,最高贵的证明?她安心了,杀了那么多人,屠了那么多亲族,但这份合格的天下成绩单,就足以"证明手段正确"!

那个时候,她已堪堪 71 岁,那个年代,人们的平均寿命是 30,她活着,是一个神迹。

一个梦,可以做多久?

如果不是情夫的那把火,也许武则天的圣君梦会再延续很久。可是历史不能假设,有些转折,总是在人性的细微处,见到简简单单的渺渺人烟。

她并没亏待这个野蛮小男友,相反,对于他制造宣传舆论《大云经》、监工明堂甚至有次带兵逼退突厥,她一直是感激的,她给予他各种荣耀的爵位,让他在自己的寺庙里无法无天,提高僧人地位,尊崇佛教,在那弥勒佛式的庇护下,一起创造着女尊下凡的神话。一度,她甚至是快活的,救世主降临让她找到来源,功业不差让她可以交代天下,酷吏可以让她安心保护,人臣可以让她理治天下,而情夫身上的勇气和力量,又让她能得到女人式的满足。那几年,作为圣君明主,她的精神是平衡的,朴素、警醒而正常。

只是,变革突起,就在她得意洋洋之时,象征着武周最高政治的明堂起火了,而点燃这把火的,正是她的小男友,并且因为见不得人的原因——吃醋。

史书上说因为她有了新宠——御医沈南璆,所以不再频繁召冯小宝进宫。失宠之下,冯小宝准备给女主子一份大礼——塑造一个像武则天的大佛像,在上元佳节那天开放,以重新获得女皇欢心。结果武则天却不给面子,那天没去,失望愤怒之余,冯小宝一把火烧了他们感情的集结品——富丽堂皇的明堂,同时,也彻底毁掉了他们之间的羁绊。

武则天绝对不会允许情人这么胡闹的。

十几天后,他被秘密处死于洛阳宫城内瑶光殿,据说,是由太平公主亲自指挥,活活闷死后运至白马寺秘密埋葬。这个男人,从此消失。

我常常想;在武则天的最后时刻,会不会想起这个男人呢? 恐怕不会,因为冯小宝虽然对她起了重大作用,虽然给予她狂飙突进的勇气和决心,但归根到底,是利用,是玩具,是工具。在她的心里,那个时候爱的是这个男人身上传递过来的自己而已。但是可悲的是,这个男人爱的却不是工具,而是武则天本人。

是的,起初他也是把自己作为玩物的,对于武则天匍匐下拜、对武则天给予的尊荣惊喜不已。但是这个男人虽然不识字,但毕竟是个男人,正常的男人,日子久了,感情长了,他有些恍惚了自己的身份,他开始,把她当做自己的女人,他想把这颠倒的男女关系,纠正过来,但是最终,还是失败了。

男宠动了感情就像小姐爱上嫖客,到头来,不过笑柄。可是他认真地努力过,他尝试过不应召,尝试过提高自己的尊严,尝试过平等,但结果却是垃圾一样被扔在了历史的旧马桶里,不过工具而已——一个梦,可以做多久?

在失去冯小宝的岁月里,武则天的帝王梦并没有马上醒来。虽然去掉了"慈氏越古"的尊号,但是在天枢落成之时,依然自书"大周万国颂德天枢",当时群臣赞颂;九月又在祭天地时,自封"天册金轮大圣皇帝",改元天册万岁,大赦天下。她依然得意洋洋,像一辆高速行驶的跑车,即使刹闸之后,依然有余力不绝。

僧人冯小宝死后那一年,雄心勃勃的女皇已经无法再在佛祖的面容里找到慰藉,于是想回溯到儒家,回溯到天人合一的封禅大典。精神失衡外加生理失衡的她,必须给予交代——自己、一切人、一切行为。

万岁通天元年(696)腊月十一日,她去嵩山封禅,改元万岁登封,改嵩阳县为登封县,改阳成县为告成县。免了天下百姓当年的租税。三月十六日,新明堂建成之时,她又亲自去行亲享之礼,改元"万岁通天",再次大赦天下……

可是老天似乎很不给面子,五月,营州契丹松漠都督李尽忠举兵反叛,以孙万荣为先锋,兵至数万,攻陷营州。当她派兵镇压下去之后,孙万荣又反,攻陷冀州,河北震动。更为可怕的是,孙万荣打出的旗号竟是"还我庐陵王"(庐陵王指的是李显)。

以前,武则天是不怕的,谁怕谁?扬州十几万人造反还不是照样灭了?一路走来,从来都是孤身奋战而杀出重围的,她怕过谁呢?可是现在,情夫死了,那个野蛮冲撞的情夫死了,自己73岁,还能冲几回?还能再有多少年呢?

茫然失措里,她病倒了,这个时候,有两个男人出现在眼前,男宠张易之兄弟,真正的男宠。

贵族少年,翩翩如玉,工词善画,床上功夫厉害,善长生道术……那扑面而来的青春与生活气息,淹没了驰骋沙场多年的女皇。女皇突然发现自己原来真的老了,那岁月的爬痕一点一滴地腐蚀着自己的生命,失去了情夫冯小宝的力量,身体的真实孱弱,男宠的青春映照,让自己再也无法抚平仙佛转世的幻觉。即使那长出的新齿,那重新成就的八字眉,都再也无法抚平生命的划痕,老了,要死了。虽然神功元年(697),娄师德毫无意外地平掉了孙万荣的反叛,女皇依然,惊慌失措。

像秦始皇、汉武帝、太宗李世民一样,功德之后,万众之下,死亡的焦虑悄悄降临——于是,生命从此掉头。

回归传统

生命是什么?

当《活着》里的福贵失去一切,仍然安宁地跟自己的耕牛缓缓而作时,生命本身,就成为一场关于人类尊严的信仰。而当轰轰烈烈的女皇走下权力争斗的台阶时,活着,就是生活于生活表面,去看那花鸟鱼虫的情趣,去欣赏美丽鲜活的胜景,去品尝各种精致的美食,去享受性与爱的美好。武则天抚摸着自己的七间破裙,一直以来,为了一个圣君的名号,自己节俭了很多年,为了政治清平,自己狠心杀了不少人,为了拉拢人才,自己忍受了很多讽谏,一直一直,都是那么努力而辛苦。而活着……她看着玉树临风的张氏兄弟,一声长叹。

野史《朝野佥载》记载,张易之为了吃到最好吃的烧鹅,曾发明过一种新式做法,弄一个铁笼,放进鹅鸭,中间放炭火,炭火旁放铜盆,盛着五味汁,鹅鸭受不了火烤,就会乱跑,跑够了就会去喝渐渐滚烫的五味汁,如此反复,不一会儿,整只鹅鸭就被烤熟,羽毛脱尽,肉呈红色。张宗昌也模仿哥哥办法如此"烧驴",极尽巧思……

还有一次,张宗昌到另外一个弟弟家去,突然想起马肠好吃,竟然当场切开马肚，从里面掏出马肠下锅，那马痛得大叫，好长时间才死……

张氏兄弟名声不佳，如此传说是否是后人意淫也很难说，但是这些故事起码表明，他们是注重美食的、注重生活本身的人。如果不幸穿越到现在，穿成女人就是爱逛街穿漂亮衣服跑到星巴克喝咖啡的时髦小资，穿成男人就是喜欢旅游美食打游戏的春哥——就这么两种俗人。

有人说："我只是拥有简单的快乐，这是我们生活的依据，生活就是一切，为什么要给它太多命题？为什么要用太多丈量的工具去评判它的高度？又为什么要给生活太多复杂的解释说明？为什么要那么多的繁复的公式去计算商业利润？这一切都是存在的，而我不想涉入它们，我想做那个简单透明的孩子，也喜欢那种轻松的感觉。没有必要把生活过得如同史诗，没有必要说太多，话坚持太多观念，该怎样就怎样。"——生活在生活表面。

张氏兄弟就是生活在生活表面，但焉不知，这种生活的俗，一如我们喜欢小沈阳一样，竟是疲惫一生的武则天之生命所需？当她在死亡焦虑的号召下，走出精神的象牙塔与权力的紧张博弈时，生活本身的点点滴滴，就成为她唯一能抓住的东西。

下来了，出来了，解脱了，也堕落了。

神功元年(697)六月，女皇处死了来俊臣，酷吏统治结束。

根据史书的记载，事情的发展是这样的：

来俊臣咬人咬红了眼，连女皇的亲人也不放过，武承嗣与太平公主他们对这条狗极为恐惧也极为痛恨，恰好他自作孽，跟手下人发生矛盾，手下有人自动出来控告其谋反，武家李家皇贵们亦联合作证，说这个人想做奴隶出身的皇帝石勒，武则天不得不将爱将下狱。来俊臣的敌人太多，他的旗帜一倒，大家墙倒众人推地开始添油加醋，而此时女皇依然犹豫不决,二张兄弟此时想媚好皇室,于是也跟着吹枕边风,武则天终于下定决心,将来俊臣斩首示众。行刑那天,百姓因为恨得咬牙切齿,把他的尸体一块一块都割了下来。女皇见他如此遭人讨厌,马上顺坡下驴,颁《暴来俊臣罪状制》,昭示天下,把酷吏罪过全推到了他身上……

这是史官的理解,也是大家的理解,同时,也是事情正在发生的表面。

而实际呢?

被生存理性逼疯了的武则天多年混迹沙场,早已从正常人异化成"权力操盘手",当年也正是抛弃了那些人之人的一切,抛弃了"完整的人"而只做斗士的战斗觉悟,让她于无路处杀出重围,孤身奋斗于此。而现在,岁月的打磨,人际的变动,在成功的巅峰处,惘然失措地借着二张兄弟的手,她拆除了自己紧绷多年的弦,也走出了战斗的那个地方。但是当她回归于日常,有些东西,有些埋伏在潜意识里长久以来积累的传统理性,也浮出了水面。

居然死了这么多人,而且很多都是好人,都是亲人?当她回头看那尸体累累的沙场,看那血流腥红的双手,她后悔了,她杀掉了保护自己的最后那条疯狗,给自己找了个开脱的借口。

政治弦松开了,权力场的大门被打开,随之而来的是传统的浪潮——来自自己心底,从前的逆天而行,终于在此时此刻,得到了缓慢而谨慎的偿还……

皇位继承人。

圣历元年(698),她下《条流佛道二教制》,禁止佛、道徒相互毁谤,佛教不再独尊,作为李氏王朝的根源的道教,守得明月见日开。接着,三月,她令徐彦伯召回了庐陵王李显,一个回归的标志性转航,开始。

人人都说婚姻是恋爱的坟墓,其中有一个重大原因是恋爱中的每个人，都处在"非常态"，都是力图以对方的期待来塑造自我的形象，就像明星演绎一般。恋爱的人们大多都是在"入戏"，但是当岁月平静、婚姻相守的时候，舞台，就谢幕了，退场之后大家都恢复"常态"，恢复本来的自己，于是人人大失所望，原来自己爱的不过是幻象。其实，你爱的也不是幻象，而是那个按照你要求树立起来的入戏演员而已，如果你们即使恢复"常态"亦能相守相亲，就是经得起平淡的"真爱"。

武则天跟自己的理想谈了一辈子恋爱，自从二进宫之后就进入了"非常态"。当开始恢复常态的时候，她首先开始开脱自责，杀死了私人疯狗来俊臣，然后左右挣扎。放弃皇位，是万万不愿的，退回原位，是万万不能的，但是铺天盖地的回归，又让她无从喘息，她只能奋力挣扎，想从中求得个平衡，求得个平静，求得个心理安慰。

可是，事实哪里允许她喘息呢？从前那是被绷着，被威吓着，被撕扯着，大臣们谁都不敢多说几句，于今女皇自露缝隙，谁还不乘虚而入？连她素称"国老"的狄仁杰，都极力陈述所谓"立子不立侄"的道理。历史，是这样陈述的：

有一天，武则天又提起立嗣的事情，狄仁杰极力陈述利害，力主重立庐陵王："王者以四海为家。四海之内，孰非臣妾？何者不为陛下家事！君为元首，臣为股肱，义同一体。况臣位备宰相，岂得不预知乎？"武则天故意不肯，于是狄仁杰叩头流血，泪流满面（这也是后来他被李氏王朝尊崇的主因）。武则天叹了口气，向屏后一招手，李显从后面走了出来，武则天表情复杂地对狄仁杰说："还你的庐陵王！"

还你的庐陵王！

论起人心，不仅仅是狄仁杰，这个国之栋梁的老臣，还有那些打着旗号的叛军，那些依然臣服李唐的周边少数民族，那些听说太子监国而一日之间募兵过万的"民心所向"……挣扎了一辈子，到头来，如此而已，这个故事，从来从来，改得了开头，改不了结尾。

论起宗法制,中国历史上的历代统治者,哪有女性可提? 何况围绕着这一个继承制度,从秦汉开始就建立了完善的配套制度(皇位继承制、陵寝制度、宗庙祭祀制度),如果想真的"破四旧",那就得完全废除封建宗法制度,重新建立一整套女皇皇位继承、宗庙祭祀等制度予以保证,可是连女皇自己,不都是怕死了侄子不给立庙,让自己成为孤魂野鬼无从"血食"的吗? 宗法传统,早已根深蒂固,就像项羽力气巨大却无法提起自己一样,武则天唯一没法消灭的,是自己。就算她发了疯开天辟地建立一套女皇体系,但是短短十几年,怎么来得及深入人心?

一个女人,力挽狂澜,所有重量本系于一身,稍微松劲哪怕不小心趔趄一下,一切故旧势力就会反扑。上天是给了她惊人的机遇,但是并没有给她足够的时间,武周强权,正随着这个女人的衰老,一点一滴,粉身碎骨……

八月,武承嗣因为知道女皇的心意,郁郁而亡。九月,李旦让位给哥哥,20年轮回一圈,李显又当上了太子。岁月沉浮,人生无常,莫过于此!

调和武李

武则天毕竟是武则天,当从前那些狂飙突进留下的痕迹与传统发生激烈碰撞时,当女皇从前所作所为与现在的回归发生矛盾焦虑时,她极力试图去调和……

她让新立的太子掌握军权,命太子为河北道元帅以讨突厥,并以狄仁杰为河北道副元帅,亲自送行。但是回来以后又马上改人家李姓，赐姓武显；圣历二年，怕身后李家跟武家打起来，让两家大肆通婚，并于二月十八日，令太子、相王、太平公主与武攸暨等诅咒发誓，并刻在铁券上，藏入史馆中，来个铁证如山；本来吹嘘自己是弥勒佛下世，但是却登嵩山，拜访升仙太子庙，重扬道家……

《升仙太子碑并序》，是武则天亲自撰写的，此时此刻女皇内心的惶惑与不安、骄傲与自勉，悄悄隐藏在那冠冕堂皇的话语之中：(1)世界万物由气而生。(2)世界上有无所不能的神仙。(3)升仙太子身世高贵及其修道成仙的经历。(4)大周王朝受命于天，国泰民安。(5)武则天于青山行封禅大礼。(6)武则天登缑山拜谒王子晋庙，准备重修该庙，出土古代名剑。(7)武则天派人祭祀升仙太子。(8)武则天不惜资财，大兴土木，重建无比宏伟壮丽的升仙太子庙。(9)武则天亲撰碑文，颂扬升仙太子的业绩，欲使其名与天地齐寿，永远传颂。(10)武则天希望得到神仙所赐仙符仙药，长生不老，天下太平……（《武则天升仙太子碑》）

人生彻悟

久视元年(700)，连嵩山献祭都不能挽回生命的进程，武则天病倒了，这场病纠缠着她，身体再次以无比切身的疼痛警醒着她，人岂能回天呢？再怎样毕竟也不是弥勒佛，眼看着即将下世，太多的舍不得和来不及，刨碎了她的心怀，而日渐衰弱的躯体告诉她，生命维度之上，什么家国天下，什么亲情宗族，什么千秋万古，都太远，一生，太远。

她豁然领悟，于是，彻底放弃了那左右徘徊的挣扎，放弃了那对于身后事的疑虑，同时，也放弃了平衡武李两家的努力，专心一意对准了自己。这么多年来,哪怕从 14 岁进宫开始,她好像从来没有活过自己?于今 77 岁了,命运,真是场荒诞无稽的玩笑。

五月,略通医术道术的二张进药,经过道术炼制的丹药,可能经过了和尚们的某些佛教加工,武则天居然没像太宗一般被毒死,而是病愈了。仿佛,这是上天给的另外一次重生,以后的余生,她终于知道该怎么做。

她给这两位小情人开了单独的享乐机构——控鹤监与奉宸府,召多名才貌兼得的少年进来,自己大部分时间就在里面赏乐观舞,饮博赋诗,多年的勤政也终懈怠了下去,史书上甚至说朝政大权要几乎转移到多年秘书上官婉儿手里了。这在朝臣们眼里,是极为可怕而不解的。有的谏官上书说,陛下从前勤政爱民,现在不知道咋了,变得昏庸无道,净听一群小人摆布……右补阙朱敬则干脆直接揭露丑事:"陛下有张易之、张昌宗就足够了。现在听说尚舍奉御柳谟吹嘘自己儿子长得洁白美须眉,侯祥声称自己的阳物长得过于薛怀义,他们竟然争着当内宠,让满朝文武皆议论纷纷,臣既然职掌谏劝,就不能不进行劝谏。"她听了也不生气,她的晚年很少再杀人,大臣们也不再因言获罪,从前冤狱昭雪的案件越来越多,大家都觉得老佛爷慈和了很多,但是糊涂了,老糊涂了。

到底谁糊涂了呢?

那个被视为淫窝的控鹤监里,却最终捧出了一部集合儒、佛、道三家的文艺之作《三教珠英》,一千三百多卷,以文学文艺为主,史官们那绿油油的脑袋里,推测武则天"以其丑声外闻,欲以美事掩其迹"。可是,里面的人物却并非只是男宠,堂堂皇皇的,却掺杂着唐代名诗人们的足迹:李峤、张说、宋之问……

到底,谁糊涂了呢?

有心灵疗法说,大部分地球上的人类一直是处在睡眠状态的:

213

"'30岁以前的面貌，是你双亲给的；30岁以后的面貌，就是自己要负责了。'地球人前半生的命运是命中注定的，后半生的遭遇则是自己的信念、行为、性格等造就出来的。当然，在你前半生中，会因为自己基因中的种种不同因素，而塑造出你个人不同的价值观及行为反应，继而影响你的后半生。……你可以说你的命运早已经被决定了，被你天生的气质、习性，还有前半生的遭遇绑住了、捆死了！但是，这是弱者的说法！只要你能从昏睡中觉醒，改变你自动导航机器中的程式，你就能创造不一样的人生！"

需要多久？我们才珍惜自己内心的召唤呢？

武则天的一生，从失去父亲开始，极度的好胜就让她迷失在翻身复仇的心理控制下。14岁进后宫，更是吃人不吐骨头的地方，在里面度过14年的寂寞，消寂与自强、挣扎与困惑，在遇到李治的那一刹那，变得灵光乍现。再进入尼姑庵的死灰，脱胎换骨的逼迫，让她一直一直，都在悬崖边上，艰难蹒跚。伴随着生存的高度理性，泯灭了亲情、恩情、友情、常情，一路冲杀过来，那颗盎然向前的心，终于在盛世顶峰里，在太平强国里，在万族遥拜里，变得疲倦——回过头，自己究竟想要什么呢？

美丽的快乐，与优雅的幸福！

女人天生爱交际，她们更喜欢通过交际获得满足、尊重、信息交流与人生乐趣。此时此刻的武则天，也只不过想赏赏花，看看美男，吟诗作赋，击鼓传乐，在文艺、文学的天空之下，让美的情趣与优雅，伴随着点点滴滴的生活之乐，踏歌而行。

那个控鹤监，其实，也就一文艺沙龙。

其实，这位铁腕的女政治家的内心深处最想做的，不过是一个优雅而才华横溢的沙龙女主人，这跟老有关，但也无关。如果女皇不是生于商人之家，不是功臣之后，没有哥哥们的欺负与虐待，没有进入后宫的战场,这位漂亮优雅的才女很可能是巴黎的贵妇或者红楼里的贾母,闲谈享乐而已。

可是,一切都不能重来。她是帝王,却毅然决然想做沙龙女主人,想辞职不干了,但是政治直觉又让她无法放权,本来女主主政就是一种误差,在从前是在狮子式的警醒强压下保持平衡的,现在狮子要打盹,要想变身仙鹤孔雀,局势,就走向混乱。

混乱开始

混乱的开头,首先是针对二张男宠擅权的愤怒。

女皇境界升华了,不想再管人间俗事,但是二张还年轻,虽然被阿谀奉承之徒赞成"王子乔在世",虽然"面似莲花",虽然能穿上神仙的羽衣,吹凤笙,骑乘木鹤在庭院跳大神,毕竟,也只是20多岁的纨绔子弟,权势的诱惑太大,他们受不住。

他们竞相贪赃枉法,豪奢相竞,据说造一个大堂就花费数百万之多,红粉泥壁,琉璃沉香,壮丽之极。兼之是皇帝身边人,随时可吹枕边风,因此阿附者颇多,甚至可以跟当时朝廷的拥武派与拥李派并驾齐驱。权势之胜,连女皇的外戚子女都侧目,同时,也引起了朝臣们的警觉,忠于武则天的朝臣们。

进士出身的宋璟对这两个小白脸极为瞧不起,当人家问他:"为何叫五郎(张易之)为卿?"宋璟说:"以官职而论,应该叫卿,如果以亲故而论,应该叫张五,你不是他的家奴,叫什么郎?"

宰相韦安石在内殿赐宴时,看到张易之引几个蜀商在前面博戏,就向女皇劝谏说:"蜀商这些人是贱类,不应该出现在这种场合!"然后让左右把他们赶走，大家看他居然敢当面不给张氏兄弟面子，都大惊失色。

魏元忠每次都向女皇数落二张的罪行，并且还杖杀张易之欺负百姓的家奴。当女皇想让张氏兄弟的弟弟张昌期为雍州长史时，众人不敢说什么，只有魏元忠坚持其不堪重用，并且举荐另外一个人去做。二张因此深为怀恨，终于利用有次机会诬告魏元忠谋反，说他背地里说女皇老了，不堪用了，并且说张说可以为此作证，于是魏元忠再次回鬼门关逛街。只是此时此刻的武则天，已经不愿再冤杀徒增罪孽，于是朝廷公审。

关键人，就是张说。

此人其实也不是什么特别好的人，但明显是个正常人，有良心的正常人。朝廷公审作证那天，跟当下的案中案一样曲折多变，先是张说在路上遇到了几个人，第一个宋璟用正义进谏："名义至重，鬼神难欺，如果张公你因为正义获罪，我陪你一起死，但是不要做一个不义之人。"然后是张廷珪以儒家精神劝说："朝闻道，夕死可矣！"最后是史学家用名声恐吓："无污青史，为子孙累！"

还说什么呢？走在作证路上的张说，可能精神上经历了一次又一次核爆炸后，终于下了最后的决心，死不负清名。于是朝堂之上，反告二张诬陷，此案天翻地覆，魏元忠终于得以活命。但是女皇还是偏向自己的情人，尽管知道诬告，依然流放了张魏两位朝臣。

这个举动，引起了公愤，而且加重了李武两家更深的疑虑。

其实，疑虑本来就有。

当魏元忠流放前向女皇辞行的时候，就痛彻心扉地忠告："臣老了，现在去岭南，十死一生，陛下他日一定有思念臣之时。"女皇问其缘故，魏元忠指着侍奉在侧的二张说："此二小儿，终为乱阶！"二张于是哭着撒娇喊冤，女皇不悦，说："元忠你快走吧！"

长安元年(701)，太子李显的嫡长子李重照与自己的妹妹李仙蕙、妹夫武延基私下议论,说二张以男宠身份干涉甚至把持朝政,于礼不合,等等。谁知道消息泄露,被二张告密,女皇大怒,把几个儿孙交付李显处置,要他打他们几拐杖,知道知道教训,结果李显可能是长期监禁精神紊乱,竟恐惧到把这几个孩子都弄死了。李重照是李家嫡传,武延基又是武家正统,皇亲之贵,亲王之尊,就因为口舌之非而遭灭顶之灾,李家武家不敢直接对准老祖母,但是对那两个男宠,却是愤怒之极。而女皇积威之下,这种不敢发泄出来的愤怒,慢慢变成了恐惧——难不成,皇位要属于这两个男宠?

翌年,太平公主和两位哥哥一起上表,请封张昌宗为王,女皇不许,再请,于是张昌宗被封邺国公。李武两家争来争去是一回事,但是这天下让给两个小白脸又是另外一回事,封王的试探表明,自己的母亲真的疯了。

魏元忠的案子,似乎更加坐视了这种恐惧的疑虑与疯狂的判断。而两年之后,当张氏兄弟罪证确凿却被女皇明显的偏心庇护过去时,就让她的这些子子孙孙们,下定了动手的决心。

女皇要建造兴泰宫,二张大肆贪污,被朝臣们抓住了证据,结果被女皇因为"进药有功"之名轻易开脱。接着,有人告二张"谋反",说张昌宗曾占相,术士曾说他有"天子气",女皇不得不交由宋璟等大臣法办,宋璟等审理后想判死刑,女皇祖护要放人,结果宋璟力争:"昌宗分外承恩,臣知言出祸从,然义愤于心,虽死不恨!"——要跟这两个男宠拼命。女皇实在没辙了,干脆使出无赖手段,连基本司法程序都不遵守了,直接让使臣特赦二张,把情夫们强行从宋璟的虎口下抢了回来。宋璟气得捶胸:"忘记先把这两个小子杀了再说了。"……

女皇疯了,祖母疯了,母亲疯了,溺爱这两个男宠已经到了不顾亲情、不顾法制、不顾国家天下的地步!

武则天,真的疯了吗?

只能如此

武则天没疯,只是境界提高了,高人在一般人眼里都是有些疯的。

幼年的时候,当自己还沉浸于给生活下结论的尼采式深刻时,一位长者就曾告诫我:生活,是个魔体立方,里面永远会有你想象不到的东西。那个时候是不懂的,总以为所谓深刻,就是生活里高度抽象的所谓理性、理论、理智,直到现在才明白,那生活的本质就像三毛所言的爱情,不可说,不可说,一说就错。

真正而真实的生活,是任何抽象无法概括的,在那包罗万象的门里,无论你敞开哪间,都会是一个世界。武则天从前是在权力轨道与生存轨道上,到如今,她已转轨于日常轨道。从二张的近身侍奉里,从他们的温柔关怀里,从他们对于金钱与美食的狂热里,点点滴滴汲取那生命的气息,年老体衰生命尽头的她是根本无法离开二张的,那青春的呼吸,如今是她唯一能倚仗、依靠、支撑下来的东西了,仿佛溺死之前才发现的救命稻草,只能,拼命抓住……

二张贪污枉法,她何尝不知?

二张扰乱朝纲,她何尝不懂?

二张引起公愤,她何尝不明白?

二张让她众叛亲离,她何尝不晓得?

只是,没有办法,她已经不再是神圣的女皇大帝,而是一个年老体衰的老女人,权力的春药再无法支撑她强壮,女性的警惕再也无法支撑她清醒。当一个人病倒在床上,跟自己的呼吸与躯干作斗争的时候,就会意识到,没有比生命更重要的事情。

她知道,但离不开了,那些亲情、那些权力斗争、那些君臣说教,只会让她厌烦,现在的她,只关心来世和生命本身。她再次派人去嵩山投赎罪简,让天下五岳之神宽恕她从前血淋淋的手;她让自己仁慈的小儿子李旦去审旧案,召回无数在鬼门关徘徊的人。她下诏:"自文明以来得罪者非扬、豫、博三州及诸反逆魁首,皆赦免。"……都是想在未来的世界里,求得一份仁慈的待遇,而现世,也只剩下这两个俊美的少年,能给予那柔弱的躯体以延续、以支撑……

别忘了,他们会炼丹;别忘了,他们进的药曾经让她病愈过,重生过;别忘了,他们身上的青春气息,带着某些神秘的生命号码让她百转千回,让她第一次脚踏实地地生活于生活表面。

因此,无论二张做了什么,她都会无限纵容他们,很多时候,他们就是她的命——那些人猜得对,对于现在的女皇,除了二张再也没有更重要的人了。只是,他们猜错的一点是,女皇没有疯,没有糊涂,没有沉溺,反而,她比任何时候都看清了这个世界,与生命的本质。

但矛盾就在于,如此注重生活本身的她,本该放权给太子李显的,但多年的从政经验又让她无法去体验失去权力的恐惧,何况,如果不再是女皇,眼前这两位如花少年会不会变了脸色呢? 会不会不再尊敬呢? 因为,她将再也无法给予他们权力、给予他们荣耀和尊贵,她从来对人性没有什么信心,何况两个少年的信誓旦旦? 她害怕,也不敢,于是只能将就着,撕扯着,拖拉着,贪婪着,等待,终结时刻的到来。

不如归去

神龙元年正月二十二日那天,她的"国老"狄仁杰所推荐的张柬之等五位"人才"带着御林军冲进了后宫，簇拥着犹豫不决的太子，由宫女们引路，一路杀到迎仙宫。二张听到外面喧哗，拿着兵器到外面察看，结果被御林军当场杀死，其同族兄弟也分别被杀。

殿内的武则天听到外面人声嘈杂，心知有变，于是撑起病体坐了起来，龙凤帐内余威犹在，喝问："何人作乱？"众人一时吓得不敢应答，李显更是拼命往后退，只有张柬之一步跨前，回答："张易之、张昌宗谋反，臣等奉太子令入诛二逆，怕计划漏泄，所以事先没有禀报皇上……"

武则天一听就明白了，多年的政治经验，几经的政治波折，让她顿时清醒。突遭巨变之际，急中生智，想缩小政变性质，改为"清君侧"的兵变，于是镇定回答："朕知道了，现在张家两兄弟已经伏诛，你们可以到东宫了！"

这次政变，虽然很多人参加，但是大多数是冲着二张男宠，怕武则天病重之际，这两个人来个假传圣旨窃取大好江山，因此不过是兵变。而张柬之这些人，却是冲着武则天和武周王朝，是实实在在的政变，因此此时此刻，怎么肯退？张柬之上前决绝表明立场："太子不能返回东宫了，现在人心归附，臣等不忘太宗、高宗皇帝的厚恩，所以请陛下立即传位，上顺天心，下孚民望。"

武则天明白了，她没说话，被侵犯的愤怒与政治理性、突如其来的惊讶与自身处境的衡量，让她默然，她叹了口气，重重地躺在了病床上，一生太累，现在的战斗，不管谁赢谁负，结束，就是最好的结局。

二十四日，女皇传位于太子李显。二十五日，太子李显登位。出过力的五位臣子皆封王，自己的弟妹皆重赏，皇族翻身，子孙复籍。二十六日，女皇移居上阳宫。二十七日，中宗李显率百官谒女皇，上尊号"则天大圣皇帝"。

据说，当李显再见到女皇时，几乎认不出来了，因为女皇从前虽然年老，但是因为化妆有术，谁都感觉不出来她的衰老，如今一下子萎靡了下去,谁也不曾想到这样一个满头白发,满脸皱纹,目光呆滞的老妇人,就是名动天下、改天换地的武则天!

李显诺诺,没有多说,武则天亦无言。

不是对这个昏庸儿子,而是对这个世界,她都不想再说话、再发怒、再有任何情绪。是,她失败了,但是也平静了,那个奋斗一生却被强取的皇位的失去,终于消逝了她内心的所有焦虑与紧张,甚至重负。她突然发现,没有它,她无比自由、轻松,并安宁。只是遗憾的是二张被杀了,生命与青春真的远离了,真的老了呢,她终于承认。

她又多活了一年,这一年里,李显恢复李唐王朝,四子李旦复兴,儿媳韦后崛起,武家余势犹存,女儿太平公主跟秘书上官婉儿异常活跃,混乱不堪、光怪陆离,热闹非凡,只是,再与她无干。一年,长长如梦,足够回忆与忏悔,也足够清醒与认知,她平静了,也清醒了,连同生命深处那长生不老与挽回青春的执著,都随着二张的死亡淡淡而去。她从来都是一个强者,与这个世界,与权力的执著、男权的世界、死亡的焦虑斗争博弈了一辈子,而终于,达成妥协。

死亡,这样缓慢而温柔的降临,她静静躺在床上,恍惚里,看到的却是李治的笑脸,仿佛相遇时灿烂如花。翩翩少年,娇娇玉女,春风吹不起的万般柔情,在那漫无心机的纯真美好里,显得分外动人——“你,就是武家的二小姐吗?”

她很想说是,但是李治,已经听不见了。

尾声

神龙元年(705)十一月二十六日,女皇崩于上阳宫仙居殿,遗诏去帝号,与高宗合陵。

神龙二年(706)五月十八日,葬于乾陵。谥曰:"则天大圣皇后。"

景云元年(710)七月七日,称"天后"。

景云元年(710)十月十八日,称"大圣天后"。

延和元年(712)六月十七日,称"则天后"。

天宝八年(749)六月十五日,称"则天顺圣皇后"。

乾陵之东,有碑,无字。

参考文献

1.雷家骥.武则天传.北京:人民出版社,2001

2.赵文润.武则天.西安:西安出版社,2007

3.林语堂.武则天传.海口:海南出版社,2001

4.萧让.武则天——女皇之路.西安:陕西师范大学出版社,2008

5.胡戟.武则天本传.西安:三秦出版社,1986

6.苏童.武则天.上海:上海文艺出版社,2004

7.(唐)武则天.武则天升仙太子碑.丁沈注释.武汉:湖北美术出版社,1996

8.朱学勤.武则天.呼和浩特:远方出版社,2002

9.司马长风.武则天:权力与性.呼和浩特:远方出版社,1999

10.赵玫.武则天·女皇.上海:上海古籍出版社,1999

11.王志刚.武则天破天规的九九加一法则.北京:企业管理出版社,2001

12.蒙曼·蒙曼说唐:武则天.桂林:广西师范大学出版社,2008

13.(后晋)刘昫等.旧唐书.北京:中华书局,2002

14.(宋)欧阳修,宋祁.新唐书.北京:中华书局,2003

15.(宋)司马光.资治通鉴.郑州:中州古籍出版社,1996

16.(宋)王溥.唐会要.北京:中华书局,1998

17.(晋)葛洪.抱朴子内篇.台中:联经出版社,2005

18.赵蕤.反经.赤峰:内蒙古科学技术出版社,2006

19.(清)曹雪芹,高鹗.红楼梦.上海:上海古籍出版社,1991

20.(宋)宋敏求.唐大诏令集.北京:中华书局,2008

21.刘振铎.汉语词典.长春:北方妇女儿童出版社,2002

22.毛汉光.唐代墓志铭汇编附考.北京:中央研究院历史语言研究所,1987

23.(唐)杜佑.通典.杭州:浙江古籍出版社,2000

24.段塔丽.唐代妇女地位研究.北京:人民出版社,2000

25.黄正健.唐代衣食住行研究.北京:首都师范大学出版社,1998

26.金庸全集.广州:广州出版社,2008

27.周勋初.唐诗大辞典.南京:江苏古籍出版社,1990

28.张志伟.康德的道德世界观.北京:中国人民大学出版社,1995

29.郑雪.人格心理学.广州:暨南大学出版社,2001

30.李宗吾.厚黑学全集.北京:九州出版社,2006

31.子志.寓言中的人生智慧.北京:中国言实出版社,2009

32.李富新.骆宾王传.北京:国际文化出版公司,1991

33.(唐)骆宾王.骆宾王文集.北京:中华书局,1973

34.张爱玲.张爱玲文集.金宏达,于青编.合肥:安徽文艺出版社,1992

35.史鲁泽,陈庆荣.信息博弈:二十一世纪的战争.北京:中国青年出版社,1998

36.(美)罗伯特·西奥迪尼.影响力.北京:中国人民大学出版社,2006

37.(美)坎托.文化心理学.王亚南等译.昆明:云南人民出版社,1991

38.朱子彦.帝国九重天:中国后宫制度变迁.北京:中国人民大学

出版社,2006

　　39.朱子彦.后宫制度研究.上海:华东师范大学出版社,1998

　　40.汤笑.心理效应解读.北京:中国城市出版社,2004

　　41.刘俊文.唐代法制研究.北京:文津出版社有限公司,1999

　　42.罗大华.犯罪心理学.杭州:浙江教育出版社,2002

　　43.曾仕强.曾仕强说胡雪岩.北京:中国工人出版社,2008

　　44.高国藩.中国巫术史.上海:上海三联书店,1999

　　45.陈寅恪.唐代政治史述论稿.上海:上海古籍出版社,1997

　　46.王春永.博弈论的诡计.北京:中国发展出版社,2007

　　47.(美)约翰·格雷.男人来自火星,女人来自金星.长春:吉林文
史出版社,2005

　　48.(意)尼科洛·马基雅维里.君主论.北京:商务印书馆,1985

　　49.王进,徐国良.企业管理案例精选精析.北京:经济管理出版
社,2003

　　50.(美)马歇尔·古德史密斯.魔鬼管理学.广州:广东经济出版
社,2008

　　51.金易,沈义玲.宫女谈往录.北京:紫禁城出版社,1992

　　52.王学泰.游民文化与中国社会.北京:学苑出版社,2001

　　53.(唐)来俊臣.罗织经.长春:吉林摄影出版社,2003

　　54.夏春涛.天国的陨落:太平天国宗教再研究.北京:中国人民大
学出版社,2006

　　55.思文.女性管理者的资本.北京:中国致公出版社,2006

　　56 张德芬.活出全新的自己.上海:上海锦绣文章出版社,2009

　　57.匪我思存.寂寞空庭春欲晚.北京:新世界出版社,2007

　　58.李可.杜拉拉升职记.西安:陕西师范大学出版社,2007

　　59.流潋紫.后宫:甄嬛传.桂林:广西师范大学出版社,2008

《都市快报·独立书评》采访实录

记者问：

从什么时候开始写作《读史做女人》？为什么会有写作这样一个题材的想法？这个系列今后还会继续吗？有没有打算写写国外的女性？

君子心：

我想每个写作者都需要找到跟这个世界对接的"轨道"——要适合自己，也适合他人的。起初读史是为了充实自己，后来发现大多数历史人物的视角都是男性立场，于是想用一种不同的视角来写写看，曾经尝试过写古代言情小说，结果写了没人看。2008年开始尝试用评述来表达，结果就有了这个系列的诞生。

作为我个人来说，通过"他者"去看不同世界、不同人生，也是自我修行的一种。尼采说"走向他人，是为了更好地认识自己"。生命的答案，有人通过旅行，有人通过阅读，我是通过写作来获得。幸好，我们的历史，是永远取之不竭的宝藏，几千年的故事和人生，是无论如何也看不完讲不完也写不完的，因此这个系列会一直继续下去，包括国外的女性，那同样是不同文化环境下的别样精彩。

记者问：

现代女性，可以从古代女性身上学到些什么？

君子心：

古代女性跟现代女性，虽然所处的时代文化环境相异，但是同样有她们自己的悲欢离合。写她们，并不为考证历史的真实，也不作传奇故事式的拍案惊奇，而是想站在通达古今的某点上，让读者在那曾经真实（近似）经历过的生生不息里，在那包罗万象的不同际遇里，与她们的必然宿命"邂逅"。

比如关于事业，很多女性刚踏入职场时浑浑噩噩，等跌倒好多次才悟出些道理来。就像我写过的太平公主，在残酷的政治斗争里，追逐着一个小女孩的梦想，灭亡是必然的；而武则天正相反，她经过灵魂裂变，终于清醒意识到了自己的处境，因此能够在男性掌握优势资源的社会条件下，成功抢夺到自己的生存空间。作为现代女性，如果想要在职场取胜，如果不屑于利用女色走捷径，那么就会在武则天的每次挣扎、每次裂变、每次权谋手腕百转千回里，与"她"的管理经验、情理选择、思维方式"相遇"。

比如关于爱情，像长孙皇后这类圣母型的女性，爱老公李世民爱得完美无缺，很像琼瑶笔下的情圣典范，可是不求回报一味付出的爱，值得吗？又或者像阴丽华与苏惠一样使了手段和心机争夺回来的爱，是否又伤害了爱情本身的纯粹？爱情到底是什么？怎样才能获得自己想要的爱？没有答案，看她们的人生，选择属于你的答案。

记者问：

"女人一辈子讲的是男人，念的是男人，怨的是男人，永远永远。"你认同这个观点吗？女人没了男人就不行？

君子心：

如果围着男人转，那是因为你跪着看他。想爱，请先两脚站立。

两脚站立的姿势分两种：生活与精神。有的女性因为受过一些伤

233

害，干脆做凌空飞行的灭绝师太，不要任何男人了，这样的人生，不圆满。有的女性瘸腿，或生活不能自立但精神时刻想独立（如那些在婚姻之内，却时时刻刻想逃出围城而未果的家庭妇女），或生活独立但精神不自立（如有些经常受爱情伤害以及寻找一夜情的女性），这是纠结。还有一些女性连腿都没有，精神和生活都依附于男人，那就没资格抱怨什么了，寄生也得有"专业精神"不是？

两腿站立，心平气和，跟地球上男性这种物种和谐共处，爱得有尊严，恨得有风度，进得有美感，退得有底气，好好活着。

记者问：

在你看来，形形色色的女人，大抵可以分为哪几种类型？一个女性，具备怎样的条件、素质，才算是一个成功的现代女性？

君子心：

女人分类的方式有很多种，很难规定可以分多少类。把自己和他人归成某一类都不太科学，尤其往差里归类（如把自己当做"剩女"），那是没事糟蹋自个儿。这个世界上每个人都是独一无二的，因此每种人生都是一种活法，只要不伤害别人，每种活法都精彩。

我认为成功女性不应该是所谓的有钱有地位，而是认识自己，知道自己是什么，想要什么，多年以后，成为自己想成为的人，获得自己想要的生活。

记者问：

"剩女"现象在当今社会比较严重，在古代有没有相关的例子可以借鉴？对她们，你个人有什么话想说的？

君子心：

中国现在正处在集体文化向个人文化发展的转型期，过去的婚姻很多是个人服从社会的产物,很多人不是为了爱情结婚,而是为父母而结婚,为社会压力而结婚,为结婚而结婚,所以比较好找。而现在,"剩女"们的自我意识觉醒了,认识到原来自己可以自主选择人生,如果找不到理想的,那就"剩下"。但社会转型毕竟是个缓慢的过程,传统的因素依然会通过长辈亲族、社会风俗等途径来对"剩女"施加压力。若再等几十年,中国将没人会再谈"剩女"问题,因为,关卿何事?

中国古代是以晚婚为耻的,社会压力要比现在大得多,个人的意识如果超前于时代,总要付出代价的。"剩女"们如果明白这份"超越"的代价,就必须"剩"得甘心,"剩"得得意,"剩"得心安理得。当然,如果你自己认为"别人"、"世俗"等传统因素在自己身上更重些,那就赶快结婚吧。

天下没有免费的"守候",人生选择没有对错,只有适合,自由选择,自我承担。

记者问:

当女性遭遇背叛,比如老公或男友劈腿,你个人觉得女性该怎么面对才比较合适?

君子心:

我见过很多女性看到老公或者男友出轨,马上甩手走人,但是更多女性则会恋恋不舍,不管是舍不得曾经的付出,还是舍不得此时的惯性拥有,抑或舍不得对方的人或者资源,她们披挂上阵,与三儿们演出一幕又一幕肉搏战 or 宫心计……

其实我认为任何三角关系的产生,都是"合力"的结果,无论在什么样的情况下,你都要寻找到三角博弈(你、老公、三儿)里最适合的位置,然后作出相应的选择。有的女性,尽管对方是花心萝卜也甘之如饴,那就百忍成钢。有的女性由爱转恨,变身女罗刹,要让对方人财两空，那就去斗个天翻地覆。有的女性，潇洒如云，大千世界，生命来来往往，不为这些人浪费自己的人生，那就挥挥手不带走一丝云彩（我个人赞成这种）——明白自己想要什么，自然知道应该去做什么。

爱情之战是不用教的，每个女人都会发挥潜力，无论逼出了勇气、逼出了谋略，还是逼出了境界，都要感谢这段繁花似锦。多年以后，回头看，如果还能干脆利落说一声"不后悔"，OK，你选对了。

记者问：

最后，有没有你个人认为比较适合现代女性阅读的书籍，可以推荐一下的？

君子心：

我个人认为，解决人生问题的根本，还在于境界的高下，真正的气质是由内而外的，好比内功，强大高深以后，外表的修饰、交际的技巧、家务的学习，才会融会贯通。因此可以多读一些个人修养类的书籍，如当下百家讲坛的文化科普、通俗的历史读物、比较畅销的心理丛书以及卡耐基一类的励志传记。

图书在版编目（CIP）数据

武则天　向右,向右,再向右 / 君子心著. —杭州：
浙江大学出版社,2010.7
（读史做女人）
ISBN 978-7-308-07799-6

Ⅰ.①武… Ⅱ.①君… Ⅲ.①武则天（624～705）—
人物研究 Ⅳ.K827＝42

中国版本图书馆 CIP 数据核字（2010）第 132508 号

武则天　向右,向右,再向右

君子心 著

责任编辑　葛玉丹
封面设计　张慧君
出版发行　浙江大学出版社
　　　　　（杭州市天目山路 148 号　邮政编码 310007）
　　　　　（网址:http://www.zjupress.com）
排　　版　杭州中大图文设计有限公司
印　　刷　杭州富春印务有限公司
开　　本　700mm×960mm　1/16
印　　张　15.25
字　　数　150 千
版 印 次　2010 年 7 月第 1 版　2010 年 7 月第 1 次印刷
书　　号　ISBN 978-7-308-07799-6
定　　价　28.00 元
